MAU WINTER

*Mit dem Rad
und zu Fuß*

GEMÜTLICH, ABER NICHT OHNE ANSPRUCH

MAU WINTER

Mit dem Rad und zu Fuß

GEMÜTLICH, ABER NICHT OHNE ANSPRUCH

Vorwort

Als ich die Postkarten mit den Urlaubsgrüßen meiner Bekannten in den Karton legen wollte, in dem sich die Kartengrüße der vergangenen Jahre befinden, fiel mir eine besonders auf. Es war keine der üblichen Ansichtskarten. Auf der Vorderseite stand:

SCHLECHTE LAUNE
UND
FAHRRAD FAHREN
DAS PASST GAR NICHT!

Den Text ergänzte ein Fahrrad älterer Bauart. Während ich die Karte in den Händen hielt, erinnerte ich mich an die längeren Fahrradtouren, die wir in früheren Jahren zu viert gemacht haben, und heute aus unterschiedlichen Gründen im Doppelpack unternehmen. Ja, es stimmt. Auf keiner unserer Touren war die Laune mies, und wenn doch einmal, hielt dieser Zustand nicht lange an. Außerdem hat das Radeln einen nicht unerheblichen Anteil an unserer Fitness.

Zu allen Touren habe ich Tagebuch geführt. Warum sollte ich nicht einige in einem Buch zusammenfassen? Warum sollten andere, die vielleicht noch zögern, eine längere Tour in Angriff zu nehmen, nicht von unseren Erlebnissen und unserer Art Rad zu fahren angeregt werden?

Wir können aber auch anders. In einigen mehrtägigen Wandertouren haben wir das Fahrrad gegen die Wanderschuhe getauscht. Rad- und Wandertouren über mehrere Tage mit und ohne Gepäck können sehr entspannend und unterhaltsam sein.

Man muss kein „Profi" sein, um mit dem Rad oder auf „Schusters Rappen" Land und Leute kennenzulernen. Lange Touren in Abschnitte teilen, oder auch nur einen bestimmten Teil einer Tour auswählen, wie es die eigene Fitness gestattet, das Erlebnis ist in jedem Fall garantiert.

Inhalt

Der Schwarze-Elster-Radweg ....S. 8

Von Waren/Müritz ins Ruppiner Land...............S. 30

Radtour im Grumsiner Forst ....S. 54

Der Radweg Berlin–Kopenhagen
Teil I Rostock–Kratzeburg..........................S. 70
Teil II Kratzeburg–Zehdenick.......................S. 94
Teil III Rostock–Gedser–Kopenhagen–Gedser–Rostock...S. 114

Wir können auch anders

Wandern im Hainich ....S. 160

Wandern auf dem Märkischen Landweg
und im Nationalpark Unteres Odertal ....S. 182

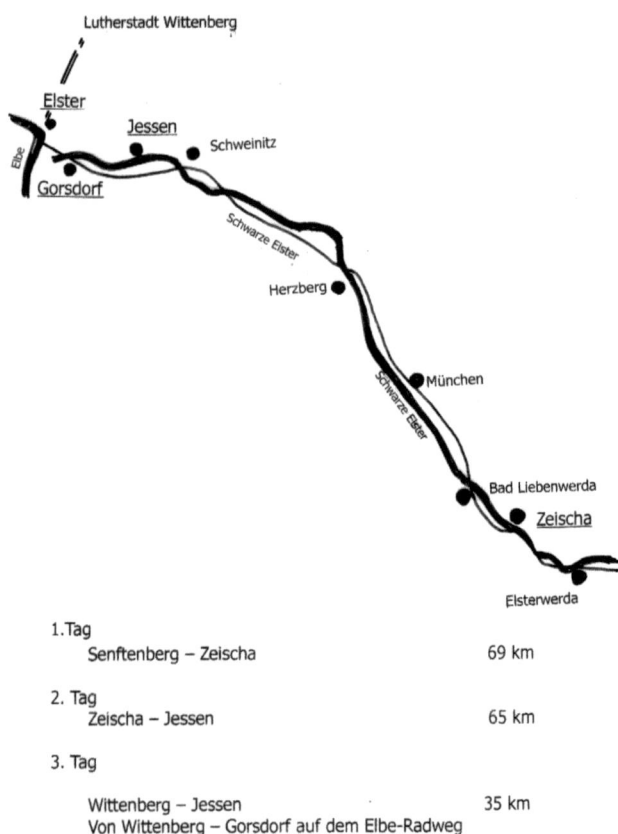

1.Tag
   Senftenberg – Zeischa   69 km

2. Tag
   Zeischa – Jessen   65 km

3. Tag

   Wittenberg – Jessen   35 km
   Von Wittenberg – Gorsdorf auf dem Elbe-Radweg

DER SCHWARZE-ELSTER-RADWEG

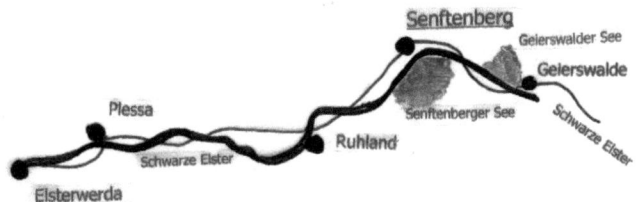

Der Schwarze-Elster-Radweg

Wieder einmal hatte uns ein Logo in seinen Bann gezogen: Eine Elster, stilisiert auf einem Flusslauf, das Logo für den „Schwarze-Elster-Radweg".

Die Schwarze Elster entspringt am Hochstein bei dem Ort Kindisch in der Lausitz und mündet bei Elster in Sachsen-Anhalt in die Elbe. Der Radweg beginnt am Geierswalder See und endet offiziell in Gorsdorf kurz vor der Mündung des Flusses in die Elbe. Gudi und ich entschieden uns für die Strecke zwischen Senftenberg und Jessen. Zwei Tage hatten wir für diese Distanz von über 110 Kilometern eingeplant. Gudi hatte wie immer alles gut vorbereitet und so stand dem Tourenbeginn nichts mehr im Wege.

Mittwoch, 1. Juni 2016

Heute beginnt unsere Fahrt. Als ich aus dem Fenster schaue, regnet es. Die Wetterprognose ist nicht besonders positiv. Schon seit Tagen hängt über Deutschland ein Tief, eingeklemmt in zwei Hochdruckgebiete. Aber was soll es, die Tour ist geplant und wir müssen los. Regensachen habe ich genügend eingepackt. Bei Gudi brauche ich mir darüber keine Gedanken zu machen. Sie ist in solchen Dingen immer perfekt.

Unser Treffpunkt ist der S-Bhf Schöneweide. Ab da geht es gemeinsam weiter Richtung Königs Wusterhausen. Eigentlich habe ich mir vorgenommen, bis Schöneweide zu radeln. Aber als ich los will, regnet es immer noch. Kurzentschlossen wähle ich für meine Anreise die S-Bahn und das bedeutet mehrmaliges Umsteigen. Das wollte ich eigentlich vermeiden, nehme es aber nun in Kauf, mit allem, was der Service der DB zu bieten hat. Beide Aufzüge in Karlshorst sind außer Betrieb und am Ostkreuz Berufsverkehr. Doch es gibt keine nennenswerten Probleme. In Baumschulenweg stelle ich fest, dass die S-Bahn nach Königs Wusterhausen auf dem selben Bahnsteig verkehrt, also steige ich spontan aus. Vielleicht erspare ich mir mit dieser Entscheidung ein weiteres Fahrradtragen.

Ich bin zu früh und kann mich nun ganz entspannt auf die Weiterreise konzentrieren. Aber da ist noch jemand auf dem Bahnsteig, Gudi. Auch sie ist heute zu früh. Und so steht schon ab Baumschulenweg einer gemeinsamen Weiterreise nichts mehr im Wege. Für den Anschluss in Königs Wusterhausen ist genügend Zeit und auch die Weiterfahrt ab Cottbus klappt perfekt.

Einzig das Wetter bereitet uns Sorge. Während der Zugfahrt schauen wir immer wieder aus dem Fenster. Nicht die Landschaft hat unsere Aufmerksamkeit, es ist das Wetter. Mal regnet es, mal ist es trocken, der Himmel ist tief verhangen mit Regenwolken. Als wir in Senftenberg ankommen, nieselt es. Ehe wir uns nach draußen wagen, wird das Gepäck regensicher eingepackt. Immer noch auf besseres Wetter hoffend, bleiben die Regencapes erst mal im Gepäck. Dann geht es los! Schließlich sind es 57 Kilometer bis zu unserem Tagesziel. Das Wetter ist für eine Stadtbesichtigung nicht optimal. Und so entschließen wir uns, direkt zum Senftenberger See zu fahren. Auf dem kurzen Weg durch die Stadt ist zu spüren, dass Senftenberg auf kulturellem Gebiet einiges zu bieten hat. Auch an einigen Bildungseinrichtungen fahren wir vorbei, die darauf hinweisen, dass Senftenberg Hochschulstadt ist. Außerdem treffen sich hier fünf Radfernrouten.

Bevor wir den See erreichen, tangiert ein Fluss unseren Weg. Auf dem Schild steht „Schwarze Elster". Wir verlieren ihren Lauf wieder. Unmittelbar in Nähe des Sees stehen Reste der ehemaligen Amtsmühle von Senftenberg. Selbst das, was von der Mühle übriggeblieben ist, beeindruckt. Dann sind wir am See. Kurzes Verweilen am Stadthafen und der Seebrücke.

Dass der Senftenberger See einer der größten künstlich angelegten Seen ist, wird durch den Blick auf das Wasser, trotz des diesigen Wetters, deutlich. Auf der Uferpromenade entdecken wir auch das Logo der „Elster". Entlang der Uferpromenade fahren wir in Richtung Gartenstadt „Marga". Diese Siedlung wurde in den Jahren 1907–1915 von der ILSE Bergbau AG als Werksiedlung für die Stammbelegschaft gebaut. Heute steht die gesamte Gartenstadt unter Denkmalschutz.

Noch immer fahren wir im Uferbereich des Senftenberger Sees, tangieren einen Campingplatz und dann weist uns die „Elster" den Weg in Richtung Niemtsch mit der ersten Herausforderung. An einer Weggabelung keine Beschilderung und so landen wir erst einmal am Wasserwerk von Senftenberg. Zurück bis zur Weggabelung und über eine Holzbrücke in Richtung Ruhland.

Der Radweg, umsäumt von Bäumen, ist gut ausgebaut. Es hat aufgehört zu nieseln und das Tief scheint sich für heute zurückzuziehen. Wir begleiten eine kurze Strecke den Lauf des Flusses. Dann führt uns der Radweg über offene Wiesen mit kleinen eingestreuten Waldflächen. Bald schon sehen wir am Horizont die Dächer von Ruhland. Auf dem Marktplatz von Ruhland halten wir an. Es ist Markttag und eine gewisse Geschäftigkeit nicht zu übersehen. Wir machen die erste Rast. Gegenüber der alten restaurierten Postsäule entdecken wir ein Bäcker-Café. Mit etwas Herzhaftem und einem Kaffee stärken wir uns. Danach schieben wir die Räder und entschließen uns zu einem Rundgang durch die Stadt. Wir werden nicht enttäuscht. Die restaurierte Altstadt ist einen kurzen Aufenthalt wert. Aus Ruhland wieder auf den Radweg zu finden ist nicht ganz einfach. Aber wir schaffen es, wieder in „Begleitung der Elster" zu fahren.

Nächstes Ziel ist Plessa. An einer Weggabelung das Gleiche wie in Niemtsch. Die Beschilderung fehlt und wir fahren – in die falsche Richtung. Gudi hat ein Gespür dafür und stoppt nach etwa einem Kilometer. Die Frage, ob wir in die richtige Richtung fahren, scheitert daran, dass der Radweg entlang der Bundesstraße 169 führt. Die Autos fahren mit hoher Geschwindigkeit an uns vorbei und Fußgänger sind nirgends zu entdecken. Wir fahren zurück. Endlich entdecken wir einen Angler am Fluss. Er bestätigt uns, dass wir nun den richtigen Weg eingeschlagen haben. Der Radweg folgt dem Flusslauf, der sich durch ein stetig wechselndes Landschaftsbild windet. Andere Radler treffen wir kaum. Die Ruhe, der Duft der Natur und die einzigartige Landschaft lassen uns in aller Ruhe dahin radeln.

Eine pinkfarbene Stele weist auf ein Denkmal hin, die Elstermühle Plessa. Nicht zu übersehen ist das sechs Meter große Wasserrad der Mühle. Sie wurde 1420 erbaut und ist sehr gut erhalten. Neben einer Gaststätte befindet sich auch ein Museum in dem Gebäude. Wir verzichten auf eine Besichtigung und begnügen uns mit der Information an der Holzstele. Weiter geht es in Richtung Elsterwerda.

Kurz hinter Plessa müssen wir laut Karte die Schwarze Elster überqueren. Wieder ist die Beschilderung nicht eindeutig. Wir wählen den Weg geradeaus über die Straße zum Deich am linken Flussufer. Der Weg scheint naturbelassen, ist aber durchaus als Radweg zu akzeptieren. Am anderen Ufer an der Flussböschung ein Meer von Mohnblumen, Natur pur. Wir sind von der Schönheit dieser Landschaft so beeindruckt, dass wir gar nicht realisieren, dass der Weg fast nicht mehr befahrbar ist, hohes Gras, holprig, sehr viel Natur. Aber wir fahren irgendwie weiter. Als der Pfad, es ist schon kein Weg mehr, den Damm verlässt und am Rand eines Feldes in einer Ackerfurche endet, werden wir stutzig. Gudi kramt die Karte aus ihrer Tasche und stellt fest, wir sind verkehrt. Wir müssen auf die andere Seite des Flusses, zu den Mohnblumen. Zurück schieben wir die Räder, bis der Weg wieder einigermaßen befahrbar ist und wundern uns, dass man hier überhaupt Radfahren kann. Wieder an der Straße angekommen, überqueren wir den Fluss und erreichen den wahren Radweg, asphaltiert in bestem Zustand. Die Mohnblumen, die wir aus der Ferne so bewundert haben, säumen nun direkt unseren Weg. Und so erleben wir diese beeindruckende Landschaft noch einmal.

Beim Wetter hat sich Sonnenschein durchgesetzt, so dass wir unsere Jacken im Gepäck verstauen können. Der Radweg tangiert die Ländergrenze zu Sachsen und damit ist Elsterwerda schon sehr nahe. Am Stadteingang sind die Bockwindmühle und der Miniaturenpark nicht zu übersehen. Rund 8.500 Einwohner hat Elsterwerda. Im Zentrum überragt die Stadtkirche Sankt Catharina alle anderen Gebäude. Der Marktplatz, umgeben von restaurierten Häusern, lädt zum Verweilen ein. Aber wir müssen weiter. Denn durch unser unfreiwilliges Verlassen der Radroute zeigt unser Tacho, dass unsere Tagesetappe mindestens zehn Kilometer länger werden wird. Aber für eine Einkehr in einem netten Café reicht die Zeit doch noch.

Das Logo der „Elster" verlässt uns in der Stadt oft, aber wir finden es immer wieder. Dabei sind die Auskünfte der Einheimischen nicht sehr hilfreich. So unterschiedlich sie uns den Weg beschreiben, von einer Bahnunterführung, die wir dann auch schließlich finden, sprechen alle. Auf geht es nach Saathain. In Saathain neue Irritationen. Laut Karte folgt der Radweg dem Flusslauf, aber es geht nicht weiter. Eine Brückensperrung und damit Sperrung des Radweges ist angezeigt, aber eine ausgeschilderte Umleitung fehlt. Wir verlassen den Radweg und fahren über Haida nach Zeischa. Trotz aller Umwege und Irrungen haben wir Zeischa gegen 17:00 Uhr erreicht, aber nicht, ohne uns noch einmal zu verfahren. Die Straße ist abschüssig und wir rollen am Friedhof vorbei, vorbei am Schild „Zimmervermietung Müller-Gesell", wohl wissend, dass unsere Unterkunft in der Straße am Friedhof sein soll. Erst an der nächsten Kreuzung realisieren wir, dass wir an unserer Unterkunft bereits vorbei geradelt sind. Zu müde, zu sehr von den Umwegen am Tage gestresst …?

Statt der vorgesehenen 57 Kilometer sind es 69 geworden. Wir werden bereits erwartet, erhalten eine Einweisung für das Zimmer, denn immerhin müssen wir uns unsere Unterkunft hinsichtlich Küchen- und Badbenutzung mit einigen Bauarbeitern teilen. Aber alles ist perfekt. Duschen steht jetzt bei uns vor allen anderen Bedürfnissen an erster Stelle.

Wir sind wieder fit und es wird Zeit, die Räder regensicher unterzustellen, denn über uns braut sich etwas zusammen. Mit dem Hausherren machen wir noch einen kleinen Rundgang über das große gepflegte Grundstück. Taubenzucht ist sein Hobby und so lernen wir die uns bis dahin unbekannten „Kings Tauben" kennen. Die Tiere sind so groß wie Hühner. Wir sind ganz schön beeindruckt.

Langsam macht sich bei uns beiden Hunger bemerkbar. Wir essen den Rest vom Mitgebrachten und brühen uns einen Tee. Und … draußen tobt ein Gewitter. Es regnet wie aus Eimern geschüttet. Kein Fernsehen, der Körper möchte relaxen.

Donnerstag, 2. Juni 2016

Das erste Geräusch, das ich nach dem Aufwachen wahrnehme, ist das Prasseln der Regentropfen auf die Fensterscheiben. Der Himmel ist grau in alle Richtungen. Sollte unsere Etappe heute wirklich zu einer im Regen werden?

Das Frühstück, das uns Frau Müller-Gesell angerichtet hat, erfüllt alle Wünsche; reichlich und sehr lecker. Während wir die Sachen zusammenpacken und das Zimmer bezahlen, hat sich am Himmel auch einiges getan. Der Regen hat aufgehört, die aufgerissene Wolkendecke macht ersten Sonnenstrahlen Platz.

Gegen 9:00 Uhr verlassen wir unsere Unterkunft und fahren in Richtung Bad Liebenwerda. Der Regen der vergangenen Nacht hat für eine angenehme Kühle am Morgen gesorgt. Noch ehe wir richtig in Tritt sind, erreichen wir Bad Liebenwerda.

Bad Liebenwerda ist mit seinen 9.500 Einwohnern nicht sehr groß, aber man merkt dem Ort den Kurbetrieb an. Mitten im Ort die spätgotische Stadtkirche Sankt Nikolai. Nicht zu übersehen ist der Kurpark mit der Wäldchenbrücke am Eingang.

Kurz hinter Bad Liebenwerda führt der Radweg wieder unmittelbar am Fluss entlang durch eine überwiegend flache Landschaft mit bestellten Feldern und üppig bewachsenen Wiesen, unterbrochen von kleinen Waldflecken. Über Wahrenbrück-Neumühl, immer dem Flusslauf folgend, führt uns der Weg nach München. Hinter München verlassen wir den Radweg und benutzen den die Landstraße begleitenden Radweg nach Herzberg.

Bei Sonnenschein und hochsommerlichen Temperaturen erreichen wir Herzberg. Auf dem Marktplatz halten wir an. Der restaurierte historische Stadtkern ist beeindruckend.

Der gestrige Tag hat einige Umwege und auch Irritationen in der Wegeführung gebracht. Um das heute auszuschließen, wollen wir uns in der Touristinformation Auskunft zu irgendwelchen Baumaßnahmen und damit verbundenen Umleitungen holen, denn heute sind wir zeitlich an den Fahrplan der Deutschen Bahn in Jessen und Lutherstadt Wittenberg gebunden.

Eine Touristinformation finden wir nicht. Wir fragen bei den Einheimischen nach und erhalten die Auskunft, dass diesen Service in Herzberg die Kirche übernommen hat.

Gudi ist bereit, sich um die Information zu kümmern, mich mit dieser Aufgabe zu betrauen würde bei meiner unterentwickelten Ortskenntnis nichts bringen. Während Gudi sich also um eine stressfreie Weiterfahrt kümmert, beobachte ich, wie die Schüler vom Phillip-Melanchthon-Gymnasium ihr Unterrichtsende zu schätzen wissen.

Langsam bekomme ich Hunger. Und als Gudi nach einer gefühlt unendlich langen Zeit mit einem Packen kopierter Karten erscheint, ist Mittagspause. In einem kleinen Café mitten im Trubel der Stadt finden wir Platz; Zeit für ein Stück Kuchen und eine Tasse Kaffee. Wir sichten das Kartenmaterial und besprechen die weitere Streckenführung. Ehe wir wieder aufs Rad steigen, sehen wir uns noch das Rathaus, ein bemerkenswertes Bauwerk im Renaissance-Stil, an. Immer noch Sonnenschein, obwohl sich um uns herum am Himmel Wolken auftürmen. Wir liegen gut in der Zeit und können die letzten Kilometer ruhig angehen.

Das Kartenmaterial, das wir erhalten haben, birgt auch so manche Tücken in sich. Wir hangeln uns von Ortschaft zu Ortschaft und bekommen so noch manches landschaftlich und bauliche Kleinod zu sehen. Der kleine Ort Arnsniesta überrascht uns mit einer Fachwerkkirche. Alle diese kleinen Ortschaften sind Straßendörfer und machen einen sehr gepflegten Eindruck. Schließlich erreichen wir über Premsendorf wieder den Schwarze-Elster-Radweg, der uns über Löben nach Schweinitz führt.

Kurz vor Schweinitz machen wir die letzte Rast. Ein kräftiger Imbis – Thüringer Knackwurst – gibt uns die nötige Kraft für den letzten Abschnitt unserer Tour. Während wir im Gras liegen, resümieren wir ein erstes Mal über die zwei Tage auf dem Schwarze-Elster-Radweg.

Unser erstes Fazit: Der Schwarze-Elster-Radweg bietet viel Sehenswertes. Er folgt größtenteils dem Flusslauf durch eine urwüchsige Felder- und Wiesenlandschaft. Auf dem überwiegend asphaltierten Weg ohne größere Steigungen war das Radeln nicht anstrengend, bis auf die Tatsache, dass in den größeren Ortschaften die Wegeführung irreführend oder schwer zu finden war. Als wir wieder auf die Räder steigen, ist zu spüren, dass es bergiger wird. Wir haben die Jessen-Schweinitzer Berge erreicht. Es ist eines der nördlichsten Weinanbaugebiete Deutschlands. Direkt am Radweg, wir sind schon vor den Toren Jessens, steht eine Holzhütte – Weingut Hanke –, verkauft wird kein Wein, sondern Erdbeeren. Wir halten an und dürfen kosten. Die Früchte sind aromatisch und süß, einfach lecker. Und während wir probieren, erzählt uns der Winzer, Herr Hanke, viel Interessantes über den Weinanbau in dieser Gegend. Eigentlich würden wir gern noch ein wenig bleiben, aber wir müssen zum Zug. Ehe wir uns verabschieden, sagt er so nebenbei, dass der landschaftlich schönste Abschnitt des Schwarze-Elster-Radweges der Teil von Jessen bis zur Mündung des Flusses in die Elbe ist.

Eine Schale mit Erdbeeren hat noch Platz in unserem Gepäck. Das Wissen um den in dieser Gegend produzierten Rebensaft und dass wir das Stück des Radweges bis zur Flussmündung nicht gefahren sind, nehmen wir mit nach Hause.

Als wir am Bahnhof in Jessen vom Rad steigen, zeigt der Tacho 65 Tageskilometer an. Insgesamt sind wir rund 135 Kilometer auf dem Schwarze-Elster-Radweg mit einigen kleinen Umwegen geradelt.

Wir liegen gut in der Zeit und beschließen, schon einen Zug früher nach Lutherstadt Wittenberg zu fahren. Und so haben wir in Lutherstadt Wittenberg fast zwei Stunden Zeit, bevor uns der IC nach Berlin bringt. Ein Plätzchen zum Ausruhen finden wir in Bahnhofsnähe. Für einen kurzen Trip in die Stadt sind wir nicht mehr bereit, zumal dicke Regenwolken den Himmel verdunkeln. Ein „Coffee-bike" bietet alles an, was einen Kaffeetrinker erfreut. Wir können dem

Angebot nicht widerstehen und verkürzen mit einem Kaffee die Wartezeit. Noch während wir den Kaffee trinken, öffnet sich der Himmel. Über uns entlädt sich ein Gewitter. Im Nu ist der Bahnhofsvorplatz überflutet und selbst in der Unterführung zu den Bahnsteigen steht das Wasser. Uns stört es nicht, denn wir sind die Tour nicht nur im Trockenen, sondern auch bei Sonnenschein geradelt.

Der IC ist pünktlich. Der Einstieg mit den Fahrrädern klappt gut. Nach etwa 30 Minuten haben wir Berlin Südkreuz erreicht. Ab da fahren wir mit der S-Bahn weiter. Eigentlich müsste der Berufsverkehr schon vorbei sein, aber die Bahn ist voll und obwohl wir im Abteil für Fahrräder fahren, sind die verständnislosen Blicke der Fahrgäste mit Akten- bzw. Einkaufstasche nicht zu übersehen. Am Ostkreuz trennen sich unsere Wege. Gudi fährt bis Landsberger Allee und radelt die letzten drei Kilometer nach Hause. Ich steige am Ostkreuz um. Während ich auf meine Anschluss-S-Bahn warte, schüttet es wieder wie aus Eimern, aber bis ich in Karlshorst bin, hat sich dieser Regenschauer verzogen und auch ich kann den letzten Kilometer im Trockenen radeln.

Als ich mein Fahrrad in den Keller bringe, muss ich an Gudi denken, die es immer wieder schafft, uns an unser Ziel zu lotsen. Nicht vergessen haben wir das nette Gespräch mit Herrn Hanke, dem Winzer aus Jessen. Den Wein haben wir probiert, er hat uns gemundet. Nun ist es an der Zeit, dass wir zur letzten Etappe des Schwarze-Elster-Radweges starten. Von den Einheimischen wird sie landschaftlich mit „Natur pur" beschrieben. Wir werden sehen.

Freitag, 30. September 2016

Als ich heute morgen die Sachen für die Tour zurechtlege, schaue ich kurz aus dem Fenster. Es ist zu spüren, dass der Herbst da ist. Gestern noch spätsommerliches Wetter und heute Beginn eines trüben herbstlichen Tages. Es ist ratsam, nicht auf die Regenbekleidung zu verzichten.

Treffpunkt ist der Bahnhof Südkreuz. Wir sind beide sehr früh und es bleibt genügend Zeit, uns über die heutige Tour auszutauschen.

Die DB bringt uns bis Lutherstadt Wittenberg. Ab da geht es mit dem Fahrrad über Elster nach Jessen. Der Zug ist nur mäßig besetzt. Wir finden ein gemütliches Plätzchen, die Fahrräder im Blick, perfekt für ein gemeinsames Frühstück.

Als wir in Wittenberg ankommen, fallen die ersten Tropfen. Wie gut, dass wir vorgesorgt haben.

Bis Gorsdorf werden wir auf dem Elbe-Radweg fahren. Wir sind diesen Abschnitt schon vor einigen Jahren, als wir in Richtung Dresden unterwegs waren, geradelt.

Unmittelbar hinter dem Bahnhof finden wir die Markierung, das geschwungene „e", des Radweges. Bis Elster radeln wir überwiegend durch die Elbeauen. Der Frühnebeldunst auf den Wiesen und der bedeckte Himmel haben etwas Geheimnisvolles. Keine Radfahrer, die uns entgegen kommen und auch keine, die uns überholen. In den Orten Höhndorf, Prühlitz und Gallin weder Verkehr auf den Straßen noch Betriebsamkeit vor den Häusern. Wir sind alleine unterwegs. Beeindruckend sind die Hochwasserschutzbauten in der Nähe der Ortschaften, die in den letzten Jahren entstanden sind.

Kurz bevor wir Elster erreichen ein Rastplatz. In seiner Nachbarschaft steht eine Bockwindmühle. Sie ist gut erhalten; eine Besichtigung leider nur am Wochenende möglich. Wir sind zu früh. Gegenüber der Mühle liegt ein aufs Trockene gesetzter Fährkahn. Wir mutmaßen, dass es möglicherweise die letzte Fähre ist, die an dieser Stelle die Elbe querte. Leider gibt es keine Information dazu.

Bis jetzt konnte man den Niederschlag als fallenden Nebel bezeichnen, nun ist es Regen. Nach dem Rastplatz teilt sich der Radweg. Man kann durch den Ort fahren oder ihn „umgehen". Wir entscheiden uns für das erstere.

Etwa drei Kilometer nach Elster verlassen wir den Elbe-Radweg. Es ist der Punkt, an dem der Schwarze-Elster-Radweg endet, bzw. für uns beginnt. Obwohl die Ausschilderung unspektakulär ist, ein kleines Logo an einer Kiefer angebracht, müssen wir ihn nicht suchen. Ein befestigter Weg führt in ein Waldgebiet. Auf der einen Seite die Schwarze Elster oder deren Flussarme, auf der anderen Seite ein dichtes Waldgebiet; Kiefernwald wechselt mit Laubwald. Der Waldboden scheint ein Pilzparadies zu beherbergen, das sich leider infolge der wochenlangen Trockenheit nicht entfalten konnte.

Allmählich entfernt sich der Radweg vom Fluss, um sich etwa nach der Hälfte des Weges ihm wieder zu nähern. Auch wenn es regnet, die zehn Kilometer radeln sich so dahin. Wir bestätigen später dem Winzer, dass es sich lohnt, auch dieses Stück des Radweges zu fahren, das landschaftlich etwas sehr eigenes hat. In Jessen landen wir auf dem Marktplatz, auf dem trotz des Regens reger Betrieb herrscht. Es ist Markttag und für uns eigentlich Zeit für einen Imbiss.

Wir verschieben das Essen, der Besuch des Weingutes ist uns wichtiger. Übrigens, das Weingut Hanke ist das nördlichste Weingut Deutschlands. Um ein langes Suchen zu vermeiden, fragen wir lieber die Ortsansässigen. Beim zweiten Anlauf bekommen wir eine Beschreibung, die sich für uns als brauchbar erweist. Der Weg führt durch die Altstadt. Wir schieben die Räder und lernen so auch die Stadt etwas kennen. Aber bis zum Weingut ist es noch Stückchen Weg. Wir steigen wieder auf die Räder. Als wir das Siedlungsgebiet von Jessen erreichen, finden wir endlich am Ende einer Pfirsichplantage das Weingut.

Der trübe Tag, der einsetzende Regen haben sicher Besucher von einer Besichtigung abgehalten. Uns nicht! Wir sind die einzigen Gäste, die sich die Weinbauausstellung ansehen möchten. Wir dürfen uns umschauen. Zum Probieren gibt es Quittenlikör. Später schenkt uns der Hausherr noch vom Sektwein „Himmelsperle" ein. Ein wenig „Fachsimpeln", soweit es unser Wissen über Weine zulässt und dann verabschieden wir uns.

In einem Prospekt wird die Besichtigung der Obstbauausstellung empfohlen. Sie ist unser nächstes Ziel. Auf direktem Weg entlang an Weinbergen und Obstplantagen erreichen wir den Radweg entlang der B 187. An der Stelle, an der der Weg auf den Radweg mündet, steht eine historische

Weinpresse. Ein Grund anzuhalten. Nach etwa einem halben Kilometer in Richtung Schweinitz erreichen wir den Obsthof Zwicker. Das Angebot im Laden ist reichlich und reicht von Obstbränden bis zu Frischobstangeboten. Auch die Obstbauaustellung können wir uns ansehen. Vielleicht ist es der späten Jahreszeit geschuldet, wir haben mehr erwartet.

Der immer wieder einsetzende Regen ist auch nicht dazu angetan, länger zu verweilen.

Der Radweg entlang der B 187 ist die kürzeste Verbindung zur Stadt. Obwohl die Straße stark befahren ist, wird man durch die Weinberge, die im Süden bis an die Straße reichen, von dem Verkehrslärm der vielbefahrenen Straße abgelenkt.

An einem Einkaufscenter machen wir unsere letzte Rast. Ein Fleischer bietet Vieles an. Im Laufe des Tages hat sich das Angebot reduziert. Für eine Boulette mit Brötchen reicht es und unser Hunger ist gestillt.

Dann fahren wir auf direktem Weg zum Bahnhof. Wir erreichen unseren Zug, der Anschluss in Wittenberg klappt und so sind wir gegen 17:30 Uhr wieder in Berlin.

← Auf dem Elbe-Radweg zur Schwarzen Elster
↑ Amtsmühle in Senftenberg
↑ Elstermühle Plessa

↓ Marktplatz in Elsterwerda
↓ Fachwerkkirche in Arnsniesta

↑ Radweg an der Schwarzen Elster
↑ Historische Weinpresse in Jessen an der B 187

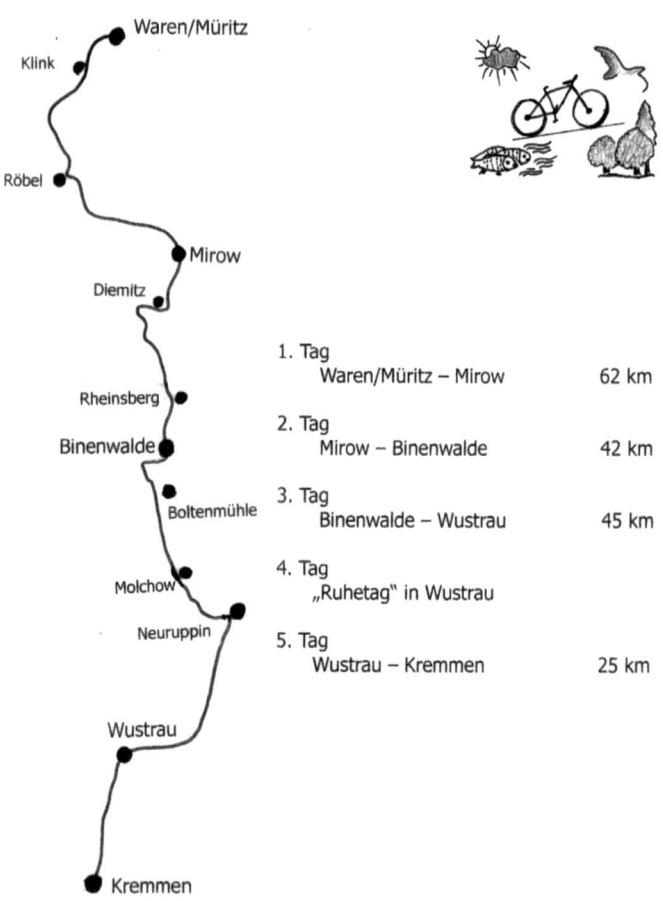

1. Tag
   Waren/Müritz – Mirow   62 km

2. Tag
   Mirow – Binenwalde   42 km

3. Tag
   Binenwalde – Wustrau   45 km

4. Tag
   „Ruhetag" in Wustrau

5. Tag
   Wustrau – Kremmen   25 km

Von Waren/Müritz ins Ruppiner Land

Wir nahmen eine Einladung unserer ehemaligen Kollegin Barbara zum Anlass für diese Radtour. Da Wiedersehensbesuche immer sehr kalorienreich sind, setzen wir einen sportlichen Teil voran. Gudi hat drei Etappen mit 125 Kilometern vorangesetzt und 25 für die „Verdauung" danach geplant.

Von Waren aus entlang der Müritz und weiterer Mecklenburger Seen durch das Ruppiner Land, ein Tag „Urlaub" in Wustrau und zurück nach Berlin, das ist unser Plan.

Jede Tour braucht auch ihre technischen Vorbereitungen. Mein Fahrrad hat es nötig, etwas kritischer unter die Lupe genommen zu werden. Der Fahrradsattel ist in die Jahre gekommen und zeigt deutliche Verschleißerscheinungen. Außerdem muss die Luft in den Pneus auf den richtigen Druck gebracht werden. Bei meinem Fahrradreparaturladen gleich gegenüber ist es in guten Händen und auch seit Jahren bekannt. Der verschlissene Sattel wird gegen einen speziell für die weiblichen Belange ausgelegten ausgetauscht. Damit ist das Fahrrad in einem Bestzustand für die Fahrt und wir, Gudi und ich, sind es ebenfalls.

Dienstag, 2. August 2016

Um den Berufsverkehr zu meiden, haben wir uns für einen frühen Start entschlossen – 6:51 Uhr ab Bhf. Gesundbrunnen.

In Karlshorst ist der Fahrstuhl wieder einmal außer Betrieb, also Fahrradtragen zu früher Stunde. Am Ostkreuz habe ich Glück, der Aufzug funktioniert. Bleibt nur noch Gesundbrunnen und da komme ich um das Tragen des Fahrrades nicht umhin, denn beim letzten Mal waren umfangreiche Reparaturmaßnahmen zu erkennen und die werden wohl dauern. Also benutze ich gleich die Treppe, ohne mich über den Stand der Instandsetzungsarbeiten zu informieren. Als ich mit dem Fahrrad unterm Arm das Zwischengeschoss erreiche, steigen gegenüber aus dem Fahrstuhl drei junge Männer aus, die sich ein Grinsen nicht verkneifen können.

Gudi ist auch bald da. Gemeinsam per Aufzug erreichen wir den Bahnsteig. Ein Novum der DB überrascht uns. Für die Regionalzüge gibt es Pläne zum Wagenlauf, auf denen die Wagen mit Fahrradabteilen deutlich gekennzeichnet sind.

Bis zur Abfahrt des Zuges ist noch Zeit. Ein Kaffee zum gemeinsamen Frühstück im Zug, das wäre ein toller Reisebeginn. Gudi lässt den Wunsch wahr werden.

Der Zug fährt ein; genau vor uns das Fahrradabteil. Toll diese Neuerung der DB. Nun brauchen wir nur noch einzusteigen. Aber wie? Das Fahrrad bepackt und ein Becher mit heißem Kaffee in der Hand. Schwierig. Zum Glück steigt die Zugbegleiterin aus der Tür aus, in die wir hinein wollen. Gudi hält ihr den Kaffeebecher entgegen mit dem Satz: „Halten Sie bitte mal!". Und was tut sie? Sie greift zu und wir können problemlos einsteigen. Ein weiterer toller „Service" der Bahn. Im Abteil ist genug Platz für die Räder und auch für uns.

Endlich geht es los. Während wir frühstücken, sprechen wir das erste Mal über das Wetter. Vielversprechend ist die Prognose der letzten Tage nicht. Die letzte Information von heute morgen – zwischen 11:00 und 14:00 Uhr soll es regnen. Noch scheint die Sonne. Je näher wir Waren/Müritz kommen, umso bedeckter ist der Himmel.

Gegen halb neun sind wir in Waren, dem Ausgangspunkt unserer 5-tägigen Tour. Um das Räderschleppen kommen wir auch hier nicht herum. Einen funktionierenden Fahrstuhl gibt es nicht. Also einmal Treppe runter und einmal wieder rauf. Ein schöner Frühsport. Unser Ziel heute ist Mirow; 50 Kilometer.

Lange halten wir uns nicht in Waren auf. Bei einer früheren Tour haben wir uns die Stadt ausgiebig angesehen. Doch ehe wir starten, wird das Gepäck noch regensicher verpackt. Schnell haben wir die Stadt hinter uns gelassen. Der Radweg führt nun unmittelbar am See entlang. Es dauert nicht lange und wir sind in Klink. Das Schloss liegt direkt am Radweg. Wir durchqueren das Gelände der Rehaklinik und weiter geht es immer am See entlang in Richtung Sembzin. Die Landschaft ist hüglig. Der Seeblick ist nur an wenigen Stellen durch einen dichten Baumbestand verdeckt. Nach Sembzin führt der Weg entlang abgeernteter Felder. Strohballen liegen verstreut auf den Äckern. Scharen von Wildgänsen finden noch ausreichend Nahrung. Ein Geschnatter und doch eine friedliche „Stille". Es ist noch nicht 11:00 Uhr, als es anfängt zu nieseln. Es wird Zeit, die Regencapes überzuziehen.

In Zirzow müssen wir eine Entscheidung treffen. Fahren wir straßenbegleitend den kürzeren Weg nach Röbel, oder den etwas längeren am Wasser. Trotz des Regens entscheiden wir uns für die Naturvariante. Der Radweg ist Natur pur und führt direkt zum Hafen Röbel. Es hat aufgehört zu regnen.

Es ist Mittagszeit und langsam bekommen wir Hunger. Ein Fischimbiss auf einem angedockten Schiff bietet allerlei Leckeres. Die Räder werden in Sichtweite geparkt. Nun steht dem Verzehr eines Fischbrötchens nichts mehr im Wege. Bevor wir einen Stadtrundgang starten, noch ein Blick in die Souvenirgeschäfte. Wir bekommen beide, was wir uns wünschen bzw. benötigen: Gudi einen Eierbecher für ihre Sammlung, ich ein Basecape, für meine in Berlin zurückgelassene Kopfbedeckung.

Röbel ist mit seinen heute rund 5.000 Einwohnern eine sehr alte Stadt, die bereits im 10. Jahrhundert entstand. Erstes Highlight auf unserer Stadttour ist die Kirche St. Marien. Gudi wagt sich auf den Turm, um nach 148 Stufen den herrlichen Blick über Röbel zu genießen. Ein kurzer Besuch im Haus des Gastes, der Touristinformation, und dann schlendern wir weiter durch die Stadt. Schöne, gut gepflegte Häuser säumen die Straße. Zu erwähnen ist das im klassizistischen Stil erbaute Rathaus. Und wir entdecken das schönste Haus von Röbel. Im Jahr 2007 mit einer Plakette, sichtbar am Haus angebracht, geehrt.

Wir beenden unsere Stadtbesichtigung und fahren in Richtung Ludorf. Kurz vor Ludorf ein Stopp. Von einer Anhöhe aus hat man einen einzigartigen Blick auf die Müritz. Man möchte länger verweilen. Die Kaffeezeit rückt näher und wir brechen auf. In Ludorf möchten wir Pause machen, aber kein Café oder eine andere Möglichkeit für einen Imbiss. Dafür besitzt der Ort ein bauliches Kleinod, die um 1346 in Backsteingotik erbaute Oktogonkirche. Gudi macht ein paar Fotos und dann fahren wir weiter nach Vipperow. Der Radweg könnte besser sein, dafür ist die Landschaft umso beeindruckender.

Vipperow: jetzt ist Zeit für eine Pause. Die Gaststätte am Ortseingang bietet nur warmes Essen an. Doch keine Kaffeepause? Gudi hat einen Trumpf im Ärmel. Bei ihrem Besuch im Haus des Gastes in Röbel hat man ihr einen kleinen Laden neben dem Reifenhandel für eine Einkehr empfohlen. Und tatsächlich, nach wenigen hundert Metern finden wir das empfohlene Zweigestirn. Im Laden werden wir von einem älteren Mann bedient, dessen Bekleidung eher an ein Michelinmännchen erinnert als an einen Verkäufer, der uns gleich mit leckeren Kuchen und duftenden heißen Kaffee bewirten wird. Endlich sitzen wir in der Sonne, trinken unseren Kaffee und lassen uns den Kuchen schmecken. Wir haben es nicht eilig, denn das Tagesziel ist fast erreicht. Ab Vipperow ist der Radweg asphaltiert. Über Alt Garz und Lärz fahren wir in Richtung Mirow. Unterwegs noch ein Halt. Die Brombeerbüsche am Wegrand mit ihren reifen Früchten sind nicht zu übersehen. Die müssen wir probieren.

Noch wenige Kilometer und wir sind da. Gleich am Ortseingang Mirow passieren wir die gewaltige Torschleuse. Die „Pension EX", in der wir unsere Unterkunft gebucht haben, liegt etwas außerhalb. Aus den geschätzten 50 Kilometern sind 62 geworden. Die Besichtigung des Mirower Schlosses verschieben wir auf morgen. In der Pension sind wir herzlich willkommen. Das Zimmer ist gut. Die Fahrräder sind im Getränkelager sicher untergestellt. Vor dem Abendessen noch schnell die Anstrengungen des Tages abduschen. Das Abendessen besteht aus Mitgebrachtem. Und dann ist da noch etwas. Im Garten steht ein Strandkorb und in dem stoßen wir mit einem Glas Wein bei einem beeindruckenden Sonnenuntergang auf die erste erfolgreich gemeisterte Etappe an.

Mittwoch, 3. August 2016

Ich habe gut geschlafen und fühle mich fit für den Tag. Gudi ist auch gut drauf. In bester Laune gehen wir zum Frühstück. Der reichlich gedeckte Tisch verführt uns tüchtig zuzulangen. Nach dem Frühstück machen wir den Plan für den heutigen Tag. Bevor wir Mirow verlassen, wollen wir unbedingt dem Schloss einen Besuch abstatten. Ein erster Blicke zum Himmel – wolkenverhangen. Man kann den Regen schon ahnen. Nachdem das Gepäck verstaut, das Finanzielle erledigt ist, fahren wir zum Schloss.

Schloss, Kavaliersgebäude und Kirche liegen auf einer Insel. Sie sind Zeugnis einer über 600-jährigen Mecklenburgischen Bau- und Kulturgeschichte. Die Kirche wurde bereits 1350 gebaut. Der Schlossbau fällt in die Zeit um 1709. Beeindruckend ist die Anlage des Schlossgartens und die Liebesinsel, auf der sich das Grabmal von Großherzog Adolph Friedrich IV., letzter Regent des Strelitzer Herzogshauses, befindet.

So früh am Morgen treffen wir wenige Besucher. Zeit für einen längeren Aufenthalt. Leider beginnt es zu regnen und wir sind noch keinen Kilometer unserem Tagesziel näher gekommen. Also brechen wir auf in Richtung Peetsch. Der Weg ist nicht besonders gut, führt aber durch einen märchenhaften Kiefernwald.

In Fleether Mühle sind nur noch die Reste der ehemaligen Mühle zu besichtigen; das alte Mühlrad. Sein Zustand spiegelt seine Geschichte wider. Aus dem Nieselregen ist unterdessen Regen geworden. Ab Fleether Mühle folgt der Radweg der Straße in Richtung Diemitz Schleuse. Hier ist unsere erste Rast. Viele Boote sind im Schleusenbereich unterwegs. Aber aus einer längeren Pause wird nichts, denn der Regen wird stärker. Wir ziehen die Regenbekleidung an und dann geht es weiter durch den Wald in Richtung Zechliner Hütte. Der Ort, früher Standort einer Glashütte, liegt am Schlabornsee. Von hier aus ist es nicht mehr weit bis Rheinsberg. Das Wetter hat sich zu einem Hin und Her zwischen Regen und feinem Nieselregen entwickelt.

In Rheinsberg beim Fischer am See gibt es Fischbrötchen und wir können ihnen auch heute nicht widerstehen. Kurzzeitig hat der Regen aufgehört. Als wir am Bollwerk vorbeikommen, sehen wir eine Reihe von Holzplastiken. Sie wurden 2007 aufgestellt und stellen auf eine einzigartige Weise Homers „Irrfahrten des Odysseus" dar. Geschaffen hat dieses interessante Kunstwerk der Bildhauer Tony Torrilon.

Nun wollen wir zum Schloss. Durch die Stadt schieben wir die Räder. Es regnet wieder und wir verschieben die Schlossbesichtigung. In einem netten Café trinken wir einen Kaffee und nehmen uns noch ein Stück Kuchen als Belohnung für den erfolgreichen Abschluss der heutigen Etappe mit.

Die Dekoration im Café erinnert an Kurt Tucholsky. In seinem „Bilderbuch für Verliebte" spielt Rheinsberg eine besondere Rolle. Auch Fontane erwähnt den Ort in seinem Buch „Wanderungen durch die Mark Brandenburg". Und nicht zuletzt ist das Schloss unmittelbar mit Rheinsberg verbunden. Also ein sehr geschichtsträchtiger Ort.

Obwohl es noch immer nieselt, wir brechen auf. Das Schloss müssen wir, obwohl wir es zu anderen Gelegenheiten schon mehrmals besucht haben, unbedingt noch ansehen. Bei unserem heutigen Besuch zeigt es sich ohne Baugerüst. Und so haben wir einen einzigartigen Blick auf Schloss und den Park. Es gehört nicht viel Phantasie dazu, um sich vorzustellen, dass Kronprinz Friedrich (später König Friedrich II.), der von 1736 bis 1740 hier lebte, von diesem Ort schwärmte: „Nur in Rheinsberg bin ich wirklich glücklich gewesen!"

Auch wir kommen ins Schwärmen. Aber bald hat uns die Realität wieder. Noch zwölf Kilometer sind es bis zum Tagesziel. Auf direktem Weg fahren wir nach Zühlen. Der Radweg führt entlang von zumeist abgeernteten Feldern. Der Regen hat eine Pause eingelegt und wir genießen die reine frische Luft. Nach Braunsberg wird der Weg etwas holprig. Wir treten noch einmal kräftig in die Pedale. Es ist zu merken, dass wir in der Ruppiner Schweiz angekommen sind. Aus den Hügeln werden Berge.

Als wir Binenwalde erreichen, zeigt der Tacho 42 Tageskilometer. Binenwalde liegt am Kalksee. Etwa 80 Einwohner wohnen hier. Eigentlich besteht der Ort nur aus einer Straße. Bevor wir Binenwalde zu Fuß einen Besuch abstatten, fahren wir zu unserem Quartier.

Gebucht haben wir eine Mini-Ferienwohnung. Wir werden nicht enttäuscht. Sie ist nicht groß, aber für uns ausreichend; regensicherer Platz für die Räder, Zugang zum See mit Bootssteg und Boot, Terrasse mit Liegestühlen und Grillecke. Ja, das könnten wir alles nutzen, wenn es nicht geregnet hätte und nun auch schon wieder anfängt zu tröpfeln.

Nachdem die Sachen ausgepackt und die Regenumhänge zum Trocknen aufgehangen sind, wollen wir uns ansehen, wie die 80 Einwohner von Binenwalde wohnen. Die Straße säumen gepflegte und nicht kleine Grundstücke. Ein gut erhaltenes Gutshaus mit großem Gutshof am Ende der Straße und der Einladung zu einem Fest zeugen von einem sehr aktiven Heimatverein. Gegenüber führt ein Weg über einige Stufen zu einem Denkmal, dem Sabinendenkmal. Die

Sage erzählt von einer Freundschaft oder Liaison der Försterstochter Sabine Crusig mit dem Kronprinzen und späteren König Friedrich II. in den Jahren seines Aufenthaltes in Rheinsberg. Eine zu Herzen gehende Geschichte. Die Binenwalder feiern jedes Jahr im August ihr Sabinenfest. So schön dieser Platz ist, es regnet wieder. Also schnell zurück in die Miniferienwohnung.

Später, in einer Regenpause wagen wir doch noch den Gang zum See. Auch wenn das Wetter kaum zum Baden und Verweilen einlädt, wir können uns gut vorstellen, wie idyllisch dieses Plätzchen ist. Ziemlich früh machen wir uns bettfertig.

Eigentlich alles sehr ruhig, bis auf den Bewegungsmelder im Zimmer. Ich brauche nur meinen Fuß etwas aus den Bett zu strecken und schon brennt in der kleinen Küchenzeile Licht. Wir sind zu müde, um dies zum Thema zu machen.

Donnerstag, 4. August 2016

Wie oft das Licht angegangen ist oder wie oft ich meine Füße aus dem Bett gestreckt habe, wir wissen es beide nicht. Wir haben fest geschlafen und sichtlich gut regeneriert.

Nach dem Frühstück gegen 8:00 Uhr starten wir. Heute fahren wir bis Wustrau. Dort wird uns Barbara empfangen. Gibt es einen schöneren Ansporn, die geplanten 35 Kilometer unter die Räder zu nehmen? Es regnet nicht und es scheint, als ob es heute trocken bleibt. Von Binenwalde aus fahren wir auf einer Asphaltstraße bis Gühlen-Glienicke. Braunsberg, Boltenmühle, entlang am Tornowsee sieht unser Wegeplan vor. Wir biegen zu früh von der Straße ab. Der ausgewiesene Weg ist nicht besonders gut, aber dafür führt er durch einen ungewöhnlich schönen Wald. Irgendwie kommen wir in Boltenmühle an. Boltenmühle ist eine Ferienoase, die inmitten eines Natur- und Landschaftsschutzgebietes liegt. Wir fahren auf dem Radweg weiter. Wir wollen fahren. Aber der Radweg ist von dem vielen Regen in diesem Sommer ausgewaschen, so dass wir die Räder an einigen Stellen schieben müssen. Versöhnlich ist der alte Buchenwald, der sich mit Feuchtgebieten bedeckt mit Moosrasen abwechselt und durch den wir fahren/schieben.

In Stendenitz kommen wir wieder auf unsere ursprünglich beabsichtigte Route und erreichen Molchow. Der Ort liegt am gleichnamigen See und ist bei Wasserwanderern sehr beliebt. Es ist Zeit für eine Rast.

Noch sieben Kilometer bis Neuruppin. Der Radweg führt durch eine landschaftlich schöne Gegend und ist gut zu fahren.

In Neuruppin machen wir eine längere Pause. Neuruppin hat ca. 31.500 Einwohner und trägt den Beinamen Fontanestadt. In dieser Stadt wurde Theodor Fontane geboren. Ihm zu Ehren wurde ein Denkmal errichtet und jährlich finden die Fontanefestspiele statt. Auch andere Gebäude haben den Dichter in ihren Namen aufgenommen.

Gudi besichtigt die Kulturkirche St. Marien, heute ein modernes Veranstaltungszentrum. In einem Café neben der Fontaneapotheke finden wir Platz und auch etwas für unseren Appetit. Der Himmel ist bedeckt und es sieht wieder nach Regen aus. Wir brechen auf. Der Radweg von Neuruppin nach Wustrau ist eine Fahrradstraße. Schnell haben wir die zehn Kilometer runtergeradelt und können uns schon gegen 14:00 Uhr bei Barbara telefonisch anmelden. Aus den geplanten 35 Kilometern sind 45 geworden.

Jetzt beginnt ein langer gemeinsamer Nachmittag und Abend mit unserer Gastgeberin. Alles, was es in Wustrau zu bestaunen gibt, werden wir uns morgen ansehen. Mit einem Grillabend und einem zünftigen Lagerfeuer endet der Tag.

Freitag, 5. August 2016

Nach einem ausgiebigen Frühstück steht der Spaziergang durch Wustrau auf dem Programm. Mit Barbara haben wir eine ortskundige Begleiterin.

Wustrau und Friesack gehören zusammen und sind ein Ortsteil von Fehrbellin.

Der Ort liegt am Bütz- und Ruppiner See und wurde 1428 erstmals urkundlich erwähnt, die Walkmühle am Wustrauer Mühlenrhin bereits 1418.

Wir kommen am Brandenburg-Preußen Museum vorbei. Das Schloss und der dazu gehörende Landschaftsgarten mit seinem alten Baumbestand sind beeindruckend. Heute befindet sich im Schloss die Deutsche Richterakademie. Der Landschaftspark ist öffentlich zugänglich.

Im 18. Jahrhundert wurde auf dem Weinberg Wein angebaut und im Eiskeller das im Winter vom See herantransportierte Eis für den Sommer gelagert. Heute wachsen auf dem Weinberg Bäume und auf den Eiskeller macht nur noch ein kunstvolles Eingangsgemäuer aufmerksam. Auf dem fiktiven Friedhof des Landrates von Zieten steht die Schifferkapelle; heute eine Ruine. Übrigens haben die „von Zieten" den Ort geprägt. Seit 1766 ist Wustrau in „ihrem Besitz".

Es gibt viel in Wustrau zu sehen, und wir haben bei weitem nicht alles gesehen, als wir unseren Spaziergang beenden.

Am Abend unternehmen wir noch einen kurzen Spaziergang zum Rhin. Im Halbdunkel sehen wir, wie ein Waschbär seiner abendlichen Futtersuche nachgeht und dabei sein Revier abschreitet. Ein Eisvogel taucht mit einem unverwechselbaren Pfiff im Sturzflug in den Fluss ein, um seine Abendmahlzeit zu fangen. Auch das ist Wustrau. Neben der reichen Geschichte, die sich mit dem Ort verbindet, gibt es auch viel Natur zu erleben.

Am Abend wird noch einmal gegrillt.

Samstag, 6. August 2016

Mit der Etappe von Wustrau nach Kremmen und von da aus mit der DB nach Berlin endet unsere Tour von Waren entlang der Müritz durch das Ruppiner Land.

Nach dem Frühstück holen wir die Fahrräder aus dem Unterstand und satteln das Gepäck.

Wir verabschieden uns von Barbara, bedanken uns noch einmal für den netten Tag, den wir mit ihr in Wustrau verbracht haben. Dann fahren wir los; durch das Rhinluch nach Kremmen. Die Einzigartigkeit dieser Landschaft ist kaum zu beschreiben. Bis Linumhorst wechseln sich kleine Waldflecken, die den Weg säumen, mit großen Wiesenflächen durchzogen von kleinen Fließen ab.

Bis Linumhorst treffen wir keine Menschen. Wir mit der Natur alleine, ein tolles Gefühl. Wir lassen uns Zeit, um diese Stille und Abgeschiedenheit zu erleben. Linumhorst selbst liegt in einer ausgedehnten Niederungslandschaft zwischen Kremmener Luch und Ländchen Glien. Im Ort beginnt eine Landstraße, die einzige öffentliche Verkehrsstraße nach Linumhorst. Ein nicht zu übersehendes Schild weist darauf hin, dass sie im Jahr 2011 als Allee des Jahres gekürt wurde.

Auf den letzten Kilometern bis Kremmen lassen wir die Tour ausklingen.

Kremmen mit rund 7.000 Einwohner ist bekannt durch sein Scheunenviertel. Stadtbrände in der Vergangenheit hatten dazu geführt, dass Scheunen ihren Standort künftig nur noch außerhalb der Stadt haben durften. Von den ehemals 70 Scheunen sind 40 erhalten und werden unterschiedlich genutzt.

Heute ist in Kremmen eine Menge los; das Scheunenviertel ist ein Ort, an dem sich die Biker treffen. Auch wir drehen eine Runde mit dem Rad durch das Viertel.

Nach einer Fahrt bei schönem sonnigen Wetter müssen wir nun doch noch einen Regenschauer über uns ergehen lassen. Wir weichen dem Regen aus und kehren in eine dieser Scheunen ein. Neben Speisen und Getränken werden auch allerlei Wohnaccessoires angeboten.

Schließlich wird es Zeit, dass wir zum Bahnhof radeln. Unterdessen scheint wieder die Sonne. Als wir mit den Rädern auf dem Bahnsteig stehen, zeigt der Tacho 174 Kilometer an; 25 Kilometer heute von Wustrau nach Kremmen.

*Blick auf Röbel
von der
St. Marien Kirche*

*Idylle
an der Müritz
bei Klink*

← Oktogonkirche St. Maria und
  St. Laurentius in Ludorf
↑↑ „Odysseus landet am Bollwerk Rheinsberg"
  v. Tony Torrilon

alter Wegweiser

Sabinchen Denkmal

Feinheiten
im Wald

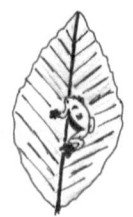

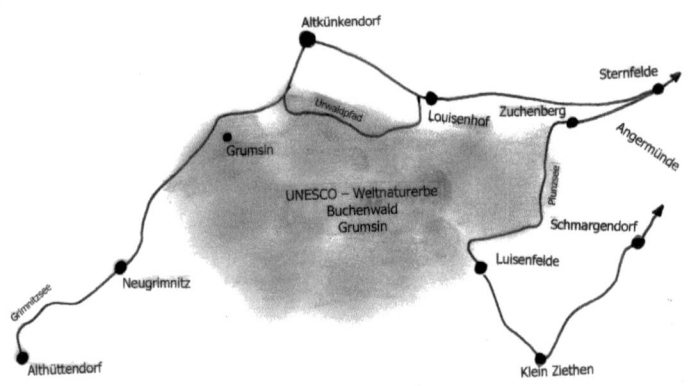

1. Tag
    Angermünde – Schmargendorf – Klein Ziethen -
    Luisenfelde – Zuchenberg – Sternfelde -
    Angermünde   30 km

2. Tag
    Angermünde – Sternfelde – Altkünkendorf -
    Urwaldpfad (orangenes Buchenblatt) -
    Louisenhof – Altkünkendorf – Neugrimnitz -
    Althüttendorf   35 km

Radtour im Grumsiner Forst

Die erste Radtour in diesem Jahr. Gudi hat eingeladen, mit ihr auf den Spuren ihres früheren Lebens zu radeln. Kann das Radfahrjahr interessanter beginnen? Ich war sofort begeistert.

Über den Verlauf der Tour machte ich mir keine Gedanken. Ich wusste nur so viel, dass wir uns am Bahnhof Berlin Gesundbrunnen treffen und dass es in Richtung Angermünde geht.

Sonntag, 17. April 2016

Ich schaue aus dem Fenster. Es regnet. Der Himmel gibt, was er hat. Heute soll also unsere Radfahrsaison beginnen?

Aber noch ehe ich mich auf den Weg mache, hört der Regen auf. Optimistisch tausche ich die Regenjacke gegen die wärmende Steppweste. Schnell noch die Verpflegung für den Tag im Rucksack verstauen und dann los.

Die Fahrt nach Gesundbrunnen verläuft ohne besondere Vorkommnisse. Mit dem Treffen ist es etwas komplizierter. Wir warten gegenseitig auf uns; Gudi auf dem Bahnsteig, ich im Untergeschoss zu den Bahnsteigen. Aber wir schaffen es, gemeinsam in den Zug zu steigen. Der ist nur mäßig besetzt.

Der Einstieg mit den Rädern bereitet keine Mühe und einen angemessenen Sitzplatz finden wir auch.

Endlich verrät mir Gudi Details zur Tour. Es ist ein Rundkurs, den wir unter die Räder nehmen wollen: Angermünde – Schmargendorf – Klein Ziethen – Luisenfelde – Zuchenberg – Sternfelde – Angermünde.

Die 1 ½ stündige Fahrt bis Angermünde vergeht schnell. In Angermünde halten wir uns nicht lange auf und fahren auf dem Landweg nach Schmargendorf.

Schmargendorf ist ein Ortsteil südwestlich von Angermünde, der Ort, in dem Gudi ihre Kindheit verbrachte.

Etwa 300 Einwohner leben heute hier. Sehenswert ist die Feldsteinkirche, die bereits im 13. Jahrhundert erbaut wurde. Umgeben von ausgedehnten Feldern und Waldflächen, in unmittelbarer Nähe der Plunzsee, macht der Ort einen gepflegten Eindruck. Viele Erinnerungen für Gudi; das Wohnhaus, die Schule, der Schulgarten am Ortsausgang und nicht zuletzt der Plunzsee, in dem sie ihre ersten Schwimmversuche gemacht hat.

Noch etwas zum Ursprung des Namens Schmargendorf. Ursprünglich hieß der Ort Marcrevendorf. Später wurde dem Namen ein „S" vorangestellt und im 16. Jahrhundert in Schmargendorf geändert.

Wir radeln weiter in Richtung Klein Ziethen. Diese einzigartige Landschaft gehört zum Biosphärenreservat Schorfheide-Chorin. Die Eiszeit hat dieses unvergleichlich interessante Gelände geformt. Tiefe Senken und steile Höhen erinnern an das Profil unserer Mittelgebirge. Auf den Feldern suchen Kraniche nach Futter, Raubvögel stehen in der Luft und halten Ausschau nach Beute.

Wir erreichen Klein Ziethen. Der Ort wird erstmals im 13. Jahrhundert erwähnt und ist seit 2002 mit Groß Ziethen zu Ziethen vereint.

Nach dem 30-jährigen Krieg siedelten sich viele Glaubensflüchtlinge aus Frankreich in dieser Gegend an. Sie brachten unter anderem den Tabakanbau mit, der lange Zeit dieses Gebiet geprägt hat. Wenn man die Gebäude im Ort genau betrachtet, ist eine Mischung deutscher und französischer Baustile erkennbar. Beeindruckend ist die Kirche.

Wir sind an dem Punkt angekommen, an dem wir einen kleinen Abstecher zum Drebitzberg machen wollen. Gar nicht so einfach zu finden, denn die Wegweisung suchen wir vergeblich. Ein paar Meter auf der Fernverkehrsstraße 198 – verkehrte Richtung. Wir kehren um und finden schließlich den Drebitzberg mit seinem Aussichtspunkt. An der Kirche haben wir den falschen Weg gewählt. Man sollte Kirchen eben nicht links liegen lassen.

Der Weg zum Aussichtspunkt ist steil. Wir schieben die Räder. Oben angekommen, bietet sich uns ein herrlicher Ausblick. Auf einer Steinpyramide befindet sich eine Aussichtsplattform. Tafeln informieren über die Landschaftsentstehung sowie Flora und Fauna in dieser Gegend. Wir sind beeindruckt von dem Panorama, das sich uns bietet. In Richtung Süden sehen wir unmittelbar vor uns den Parsteinsee, Rosinsee und Serwestsee. Am Horizont weite offene Flächen, die sich mit Waldflecken und beachtlichen Hügeln abwechseln. In Richtung Norden hat man einen Blick auf Klein Ziethen und Schmargendorf, in der Ferne grüßt die Marienkirche Angermünde. Am Fuße der Steinpyramide, eingesäumt von blühenden Schlehenbüschen, lädt ein kleiner Rastplatz zum Verweilen ein. Wir kommen nicht umhin, noch ein wenig an diesem schönen Ort zu verweilen.

Dann geht es weiter nach Luisenfelde. Immer noch offene Landschaft, aber in der Ferne ist bereits das Grumsiner Waldgebiet, kurz Grumsin genannt, zu sehen.

Der kleine Ort Luisenfelde macht auf besondere Art auf sich aufmerksam. Tafeln verweisen auf die „Milchmädchen". Was verbirgt sich dahinter? Die „Milchmädchen" ist eine Schafwirtschaft, die eine eigene Käserei betreibt. Käse und auch alle anderen Produkte, die durch die Schäferei entstehen, kann man in einem Dorfladen erwerben. Schade, es ist Sonntag und der Laden ist geschlossen.

Hinter Luisenfelde beginnen die Ausläufer des Grumsin.

Der Grumsin liegt inmitten des Biosphärenreservates Schorfheide-Chorin. Er ist ein seit über 20 Jahren nicht mehr genutzter Buchenwald und einer der größten zusammenhängenden Tieflandbuchenwälder weltweit. Aufgrund seiner unvergleichlichen Oberflächengestalt wurde er 2010 in die Liste des Weltnaturerbes aufgenommen. Durch seine außergewöhnliche Geländeform und das Vorkommen bedrohter Pflanzen- und seltener Tierarten unterliegt er in dem Naturschutzgebiet der höchsten Schutzkategorie. Nur mit geführten Wanderungen kann man den Kernbereich betreten. Der Radweg führt unmittelbar an der Kernzone entlang. Um uns Buchenwald mit Erlen durchsetzt. Selbst hier spürt man die Einmaligkeit dieses Gebietes. In die Senken sind Moore, Kleingewässer und Seen eingebettet. Obwohl wir das Gebiet nur tangieren, spüren wir viel vom dem, was sich im Kernbereich verbirgt.

Unmittelbar an einer Wegkreuzung verführt ein weißer Teppich von Buschwindröschen, einen Frühlingsgruß mitzunehmen. Entlang des Weges leuchten die gelben Sternblüten des Scharbockskrautes und überall große Moosflächen. Sie sind die typischen Pflanzen feuchter Waldböden. Kurz vor Zuchenberg öffnet sich der Blick zum Kleinen Plunzsee und auf Gudis Wunsch machen wir noch einen Abstecher bis zum Großen Plunzsee. Nach einigen Metern, die wir unmittelbar am Ufer entlang radeln, fällt uns auf, dass einige Bäume bleistiftartig angespitzt sind. Es ist das Werk von Bibern, die sich an diesem See heimisch fühlen.

Zurück zu unserer Route. Das große Waldgebiet reicht mit seinen Ausläufern bis nach Zuchenberg. Das Gelände ist hügelig und wir müssen kräftig in die Pedale treten. Kurz vor dem Ortseingang prägen Felder die Landschaft.

Zuchenberg ist ein kleiner Ort. Nur etwa 100 Einwohner leben hier. 2003 wurde das Dorf Ortsteil von Angermünde. In der Ferne sind schon die Wahrzeichen von Angermünde zu sehen. Und noch etwas hat unsere Aufmerksamkeit. Auf einer Weide steht eine Herde der seltenen Dexter-Rinder. Zuchenberg hat mit der Zucht dieser seltenen Tiere überregionale Bedeutung erlangt. Wir fahren durch Sternfelde, ein Eldorado für Pferdeliebhaber. Reiterhöfe mit weitläufigen

Reitanlagen weisen darauf hin. Und wir haben Angermünde, den Ausgangspunkt unserer Rundtour erreicht.

Entlang am Tierpark, es ist übrigens der einzige Tierpark der Uckermark, sind wir bald im Zentrum der Stadt. Vorbei an historischen Bauwerken, der Kirche St. Marien, dem Rathaus, beenden wir unsere Tour am Mündesee. Ein Café, unmittelbar am See gelegen, lädt uns zu einer Rast ein, ehe es wieder mit dem Zug zurück nach Berlin geht. Eine Tasse Kaffee wäre der perfekte Abschluss für diesen Tag. Leider scheitern wir an einer „Geschlossenen Gesellschaft". Noch ein wenig Sightseeing durch Angermünde und dann geht es endgültig zum Bahnhof.

Eine sehr schöne Radtour bei frühlingshaftem Wetter mit ausreichend Sonnenschein – ein guter Start für die Radfahrsaison 2016 – geht zu Ende.

Nachzutragen ist noch, dass Angermünde ca. 13.650 Einwohner hat. Der Ort gehört zu den flächengrößten Städten Deutschlands. Mit rund 323 km² nimmt er Platz 15 ein. Mehr als die Hälfte des Stadtgebietes mit seinen 23 Ortsteilen gehört zum Biosphärenreservat Schorfheide-Chorin bzw. Nationalpark Unteres Odertal.

*

Es ist Herbst geworden und Zeit für den zweiten Teil unserer Radtour um den Grumsin.

Sonntag, 2. Oktober 2016

Der veränderte Fahrplan der S-Bahn bringt uns etwas durcheinander, aber schließlich finden wir doch eine akzeptable Verbindung.

Schon früh geht es los. Gegen 9:30 Uhr sind wir in Angermünde. Von hier aus fahren wir direkt über Sternfelde nach Altkünkendorf.

Das Wetter fast spätsommerlich, der Nebel, der über der Erde liegt, lässt einen blauen mit dicken weißen Wolken verzierten Himmel ahnen. Die Straße ist asphaltiert und es lässt sich gut dahinradeln. Abgeerntete Felder, vom Tau schimmernde Wiesen mit den letzten farbigen Tupfen der Herbstblüher sind die ersten Eindrücke. Wir vermissen das Trompeten der Kraniche, die befinden sich sicher schon auf ihrer langen Reise in den Süden.

Je näher wir dem Grumsin kommen, umso dichter wird der Baumbestand. Der Wolletzsee ist nur kurz durch eine Baumlücke zu erkennen.

Kurz vor Altkünkendorf entdecken wir das orange farbene Buchenblatt. Es ist die Markierung für den „Urwaldpfad". Auf dem wollen wir wandern. Aber zuerst fahren wir nach Altkünkendorf und besuchen die Information. Zu all unseren Fragen werden wir bestens informiert. Bevor wir starten, ist es Zeit für ein zweites Frühstück. Der Informationspunkt unmittelbar vor der Dorfkirche bietet reichlich Sitzgelegenheiten. Dann fahren wir los. Unser Rundweg führt uns am Rand der geschützten Kernzone des Grumsin entlang. Nach etwa 800 Metern verlassen wir die Straße und folgen dem orangenen Buchenblatt.

Wir steigen vom Rad und werden es die nächsten Kilometer schieben. Diese wundervolle Landschaft muss man zu Fuß erleben und genießen. Der Waldboden, bedeckt mit dem Laub der vergangenen Jahre, gibt unseren Tritten nach. Noch mischen sich Kiefern und andere Laubbäume unter die Rotbuchen, die oft über 120 Jahre alt sind. In dem Totholz wimmelt es von Kleinsttieren. Käfer krabbeln im Laub und ein kleiner Frosch hopst, aufgeschreckt von uns, vom Weg. Auch ein Buntspecht zeigt sich kurz bei seinem Flug zum Nest. Umgefallene Baumstämme versperren den Weg, da müssen die Fahrräder auch mal getragen werden. Es geht auf und ab. In einer Senke liegt der Buckowsee. Der blaue Himmel und die Wolken spiegeln sich auf seiner Oberfläche. Teilweise ist das Ufer mit Schilf bewachsen. Weiter geht es. Ein Blick in eine Schlucht tut sich auf. Entfernt die nächsten Hügel, dahinter muss der Kleine Schwarze See liegen. Man kann ihn nur erahnen.

Nach rund drei Kilometern verlassen wir den Wald. Am Waldrand führt ein festgetretener Pfad nach Louisenhof, direkt zum Atelier der Bildhauer Annette Tucholke und Christian Bonnet. Das Atelier befindet sich in einer Scheune. Viel Platz für die Präsentation der Kunstwerke. Kaffee und Kuchen laden zu längerem Verweilen ein. Wir sehen uns die Werke der Künstler an und werfen einen Blick in ihre Werkstatt. Diese Kunst zu verstehen, sich mit ihr auseinander zu setzen und sich an ihr zu erfreuen, ist für sich einen Besuch wert. Übrigens eines ihrer bekanntesten Werke ist der begehrte Medienpreis „Goldene Henne".

Jetzt sind die Räder wieder gefragt. Nach etwa zwei Kilometern erreichen wir die Straße nach Altkünkendorf. Noch einmal besuchen wir die Informationsstelle und erfahren, dass es im Ort eine Brennerei gibt, die in der Saison geöffnet hat. Ein Besuch wäre reizvoll, aber leider haben wir kein Glück. Es ist erst am Nachmittag für Besucher offen. Unser Zeitplan für die Rückreise hält uns von einer Verkostung ab.

Von Altkünkendorf bis Althüttendorf sind es etwa zehn Kilometer. Der Weg ist bergig und wir müssen ganz schön strampeln. Den kleinen Ort Grumsin nimmt man nur anhand der Hinweistafel wahr. Grumsin hat es in seiner Entwicklung nur bis zur Ansiedlung weniger Menschen gebracht. In Neugrimnitz, früher Standort einer Glashütte, ist ein Glockenspiel am Haus von Orgel Böhli nicht zu übersehen. Bevor wir Althüttendorf erreichen, machen wir noch einen Stopp am Naturbeobachtungspunkt Althüttendorf. Von dem Turm aus hat man einen unvergleichlich einmaligen Ausblick auf den Grimnitzsee. Unzählige Wasservögel, Raubvögel kann man in ihrem Lebensraum beobachten; noch besser, wenn man ein Fernglas hätte. Wir machen eine letzte Rast. So sehr uns diese Stille und das Treiben auf dem See beeindrucken, wir müssen weiter. In Althüttendorf dann doch noch ein Halt. Unmittelbar an der Wanderkirche auf einem Rondell entdecken wir Figuren aus Metall. Die Figur des Steinschlägers soll an das in diesem Gebiet ehemals verbreitete Gewerbe erinnern. Ein paar Schritte entfernt stehen drei Figuren. Es ist die Darstellung der drei Nornen; Urd, Werdani und Skuld.

Jetzt wird es aber endgültig Zeit aufzubrechen. Der Bahnhof ist nur wenige hundert Meter entfernt. Von hier aus fahren wir nach Berlin zurück.

Die rot-gelbe Färbung der Buchen hat uns die Natur heute versagt, dazu war unsere Tour kalendarisch etwa zwei Wochen zu früh.

Der Grumsin und das Umland haben noch eine Menge mehr zu bieten. Anregungen für weitere Touren mit dem Fahrrad oder zu Fuß haben wir auf alle Fälle mitgenommen.

Beginn der Tour zum Grumsin

Wegweiser im Grumsin

Biberfraß am Kleinen Plunzsee

Wandern im Rotbuchenwald

Teil I   Rostock – Kratzeburg

1.Tag	Rostock – Niendorf	20 km
2.Tag	Niendorf – Krakow am See	75 km
3.Tag	Krakow am See – Waren – Kargow	65 km
4.Tag	Kargow – Kratzeburg	28 km
	Kratzeburg – Berlin mit der DB	

Der Radweg Berlin–Kopenhagen

Teil I
Rostock–Kratzeburg

Das Logo für den Radweg Berlin-Kopenhagen hatte es Gudi und mir angetan. Es wäre toll, könnten wir unsere Räder damit „schmücken".

Aber würden wir die Distanz von Berlin nach Kopenhagen in einem Stück schaffen? Da kam uns die Idee, den Radweg in Teilstücken zu fahren. Das war überschaubar und eine Herausforderung, der wir uns stellen konnten.

Es war bereits Mitte März und ehe irgendwelche Zweifel aufkamen, entschlossen wir uns, den ersten Teil bereits Mitte Mai zu radeln. Vier Tage wollten wir uns für den Abschnitt Rostock-Kratzeburg Zeit lassen. Für die Vorbereitungen blieb also wenig Zeit. Und so beschränkten wir uns im Wesentlichen auf das Studium der Wetterprognose. Als wir mit unserem Reisetermin im „16-Tage-Vorhersagebereich" lagen, beobachteten wir die täglich wechselnden Vorhersagen. Das Wetter würde zwischen Sonne pur und Regen schwanken. Je näher der Abreisetag kam, umso wirrer wurden die Vorhersagen.

Am Vorabend ein letzter Blick auf die Wetterkarte; gar icht so schlecht, im Norden niederschlagsfrei und für die folgenden Tage zunehmend schönes Wetter.

Mittwoch, 14. Mai 2014

Der Wunsch, die Tour ohne Regen zu radeln, scheint sich zu erfüllen. Trotz der guten Aussichten lasse ich es mir nicht nehmen, heute Morgen nochmal einen prüfenden (überprüfenden) Blick auf die Wettervoraussagen zu riskieren. Ergebnis: Alles im trockenen Bereich.

Die Anreise nach Rostock beginnt mit einer ersten Bewährung. Ausgangspunkt ist der Bahnhof Berlin Gesundbrunnen. Das bedeutet, in der morgendlichen „rush hour" mit den Rädern in die S-Bahn. Es geht besser als gedacht und pünktlich zur vereinbarten Zeit treffe ich Gudi auf Bahnsteig 10. Es ist noch genügend Zeit bis zur Abfahrt des Zuges. Wir nutzen sie. Ja wozu? Um über das Wetter zu philosophieren. Endlich fährt der Zug ein. In den Radabteilen ist genügend Platz und auch für uns findet sich ein nettes Plätzchen.

In Erwartung, was so in den nächsten Tages alles passieren würde, was wir erleben könnten, genießen wir die Fahrt in Richtung Norden; Zeit die Landschaft an uns vorbeiziehen zu lassen. Erste Eindrücke von dem, was uns an Natur auf unserer Fahrt erwarten wird. Je näher wir Rostock kommen, umso mehr bedeckt sich der Himmel, keine Wolken, der ganze Himmel grau. Wie das? Hatte der Wetterbericht nicht etwas anderes vorausgesagt? Mir fallen die treffsicheren Wetterprognosen der vergangenen Jahre von Kachelmann ein.

Als wir Rostock erreichen, ist es noch trocken, aber angenehm scheint der Tag vom Wetter her nicht zu werden. Es weht ein kalter, teils stürmischer Wind. Hatte ich heute Morgen noch auf meine Steppweste verzichtet, so sehr wünsche ich sie mir jetzt. Noch bevor wir in Richtung Süden radeln, statten wir Warnemünde einen Besuch ab; Seeluft schnuppern, Sand unter den Füßen spüren.

Zum ersten Mal schleppen wir die Räder, da Fahrstuhl mit Anstehen. So schaffen wir die S-Bahn nach Warnemünde, dem nördlichsten Stadtteil von Rostock, wie geplant.

Wir unterhalten uns über das, was wir uns in Warnemünde ansehen wollen. Vielleicht etwas zu laut. Ein uns gegenüber sitzender Herr mischt sich in unser Gespräch ein und gibt uns eine Menge hilfreicher Tipps für unseren Aufenthalt. Nebenbei erfahren wir auch von seiner Leidenschaft – Ornithologie. Eher als uns lieb ist, müssen wir aussteigen. Schade, es war eine nette Unterhaltung. Diese erste Begegnung mit einem Norddeutschen/Rostocker lässt nur einen Schluss zu, sie sind nett und hilfsbereit.

Dem Duft von Fischbrötchen folgend, erreichen wir den Alten Strom in Warnemünde. Unsere Fahrräder schließen wir am Bahnhof an. Nun wollen wir uns all das ansehen, was der nette Rostocker empfohlen hat. Zuerst gehen wir zur Mole. Es ist inzwischen ganz schön stürmisch, aber von oben noch trocken. Eine Fähre läuft in den Hafen ein und gleitet greifbar nah an uns vorbei. Fernweh? Bei Gudi vielleicht, bei mir nein.

Ein Gang zum Strand ist wegen des Wetters nicht zu empfehlen, deshalb weichen wir auf die Promenade aus. Die bekannten Wahrzeichen Teepott und der 37 Meter hohe Leuchtturm, auch heute noch ein Seezeichen, verleiten zu ersten Fotos. Das Wetter wird immer unwirtlicher. Der alte Stadtkern von Warnemünde hat auch seine Reize. Die Fischerhäuser, heute beherbergen sie Restaurants, Cafés und Boutiquen, entlang am Alten Strom erinnern an vergangene ruhigere Zeiten. Sie sind heute ganz in den Händen der Tourismusbranche.

Der Appetit auf ein Fischbrötchen beendet unsere Stadtbesichtigung. Hm, das war lecker.

Es wird Zeit, nach Rostock zurück zu fahren. Ab S-Bahn-Station „Holbeinplatz" radeln wir am Ufer des Stadthafens entlang, wo im August die großen Segler zur Hanse-Sail anleinen. Wir nehmen uns Zeit und schieben die Räder. Der Geruch des Meerwassers lässt uns nicht mehr über das Wetter nachdenken, obwohl die ersten Tropfen fallen.

Unter den Arkaden des Postgebäudes stellen wir die Räder ab. Unsere Sightseeing-Tour der besonderen Art zu Fuß und im Regen kann beginnen.

Das Rostocker Rathaus mit den sieben Türmen, dessen unterschiedliche Baustile die geschichtliche Entwicklung der Stadt erkennen lassen, ist das älteste Gebäude der Stadt. Wir versäumen nicht, die Kröpeliner Straße, die Einkaufsmeile von Rostock mit dem Möwenbrunnen und den vielen schönen attraktiven Geschäften zu besichtigen. Das Fünfgiebelhaus Kröpeliner Straße/Breite Straße beherbergt einen kleinen Schatz, den man bei diesem trüben Wetter leicht übersehen könnte, ein Glockenspiel. Leider wird es nur einmal in der Woche gespielt. Sehenswert auch der Hase auf der Stundenuhr am Haus, als Symbol der Flüchtigkeit der Zeit. Alles verweilens- und nachdenkenswert, aber uns ist kalt. Ein heißer Kaffee wäre das Richtige.

Die Entscheidung „Coffee to go" oder „Bäckercafé" fällt zu Gunsten des Bäckercafés aus. Die Wahl zwischen mehreren fällt uns nicht leicht, aber wir kommen zu einer Entscheidung. Der Regen ist eindringend und ungemütlich. Es tut gut, etwas Warmes zu trinken. Abgerundet wird diese Vesper mit einem Stück Kuchen. Aufgewärmt geht es weiter. Am Ende der Kröpeliner Straße das Kröpeliner Tor. Es ist das bekannteste der vier erhaltenen Stadttore von Rostock. Ich komme an einem Schuhladen vom Ausmaß eines Supermarktes nicht vorbei. Gudi hat Probleme, mich aus dem Laden zu bekommen. Schade, kein Platz im Gepäck, ansonsten wäre mein Rad um einiges schwerer und mein Geldbeutel um einiges leichter geworden. Eine Besichtigung der St.-Petri-Kirche und St.-Nikolai-Kirche ist wegen Bauarbeiten nicht möglich.

Ehe wir nach Niendorf, unserem ersten Quartier aufbrechen, verlangt die Wettersituation einen zweiten Kaffee. Zurück zu dem Bäckercafé, da hat er lecker geschmeckt und da kann man nichts verkehrt machen. Denkste, wir haben wohl den Rest aus der Kaffeemaschine erwischt. Gudi moniert die Qualität und wir bekommen Ersatz, aber der ist auch nicht besser.

Auf dem Weg zu unseren Rädern kommen wir an den alten restaurierten Backsteinfassaden und Giebelhäusern vorbei. Sie sind verbliebene Teile der alten Hansestadt.

Der Regen wird heftiger und wir müssen noch 15 Kilometer bis zu unserem Tagesziel in Niendorf fahren. Zum Himmel brauchen wir nicht mehr zu schauen. Heute wird es nicht mehr aufhören zu regnen. Die Regencapes müssen raus. So hatten wir es uns nicht vorgestellt. Gudi findet wie immer sicher den Weg nach Niendorf.

Das Gasthaus liegt direkt am Radweg. Empfangen werden wir von zwei Herren. Es scheint eine „Männerpension" zu sein. Kurze Einweisung, Absprache wann wir morgen frühstücken wollen und dann dürfen wir unser Zimmer in Beschlag nehmen. Es gibt nichts zu bemängeln, sogar die Heizung ist noch in Funktion.

Zum Abendbrot gibt es Mitgebrachtes. Anschließend noch ein Spaziergang, aber der Regen lässt uns bald wieder umkehren. Duschen und ab ins Bett, denn morgen soll ja unsere Tour richtig losgehen. Ich kenne nicht Gudis Gedanken, meine haben etwas mit dem Wetter zu tun.

Abwechslung durch Fernsehen? Gudi versucht, dem Fernseher ein einigermaßen akzeptables Programm zu entlocken – Fehlanzeige.

Dank der funktionierenden Heizung sind die Regencapes und Jeans getrocknet. Wir verstauen die Capes mit dem Wunsch, dass sie für den Rest der Tour im Gepäck bleiben. Gute Nacht nach rund 15 Kilometern im Regen.

Donnerstag, 15. Mai 2014

Gegen 7:00 Uhr erwache ich. Gudi hat auch schon die Augen auf. Unser erster Blick zum Himmel: einheitlich grau und Wind. Das wollen wir von den „Wetterfröschen" im Fernsehen bestätigt haben. Es soll besser werden. Aber noch ist alles grau in grau. Mal sehen, was das noch wird und was wir daraus machen.

Die Morgentoilette ist schnell erledigt. Gegen halb acht ist Frühstück, es ist ausreichend und schmeckt. Wir stellen fest, dass wir doch in keiner „Männerpension" übernachtet haben. Wir lernen die Frau des Hauses kennen, die das Frühstück angerichtet hat und auch die Kassierung der Zimmergebühr übernimmt.

Gegen 8:00 Uhr ist das Gepäck regensicher auf den Rädern verstaut und auf geht's. Wir nehmen all unseren Optimismus zusammen und planen den heutigen Tag; unser Ziel soll Krakow am See sein. Eine Unterkunft haben wir noch nicht.

Gudi hat gleich am ersten Tag ein Problem. Sie muss unbedingt ihr Handy anmachen, denn sie könnte einen Anruf erwarten, der sie zur Gewinnerin eines Preisausschreibens küren könnte. Es ist kein bedeutendes Preisausschreiben, aber für sie wichtig. Ein Bio-Laden hatte für seine Produkte geworben und der Gewinner soll per Handy informiert werden. Preis? Eine Packung Bio-Eier?

Als das Handy am Netz hängt, geht es los. Die ersten Kilometer führen an Feldern entlang. Der Raps in der Spätblüte verströmt einen öligen Geruch, nicht unangenehm. Zu unserer Freude klart der Himmel auf. Das durchgängige Grau wird von Wolken zerrissen. Es rollt so gut, dass wir in Schwaan durchradeln. Nach 20 Kilometern haben wir Bützow erreicht. Einst war Bützow Residenzstadt, wurde später zu einer kleinen Ackerbürgerstadt. Prunkvolle Bauten, insbesondere das Rathaus sind Zeugen aus dieser Zeit.

Es ist Zeit für das zweite Frühstück. Eine Bäckerei mit Straßencafé ist der Ort für unsere erste Rast. Von unseren Plätzen aus haben wir einen wunderbaren Blick auf das Rathaus. Handwerker sind dabei, den Maibaum abzubauen. Den Marktplatz ziert ein Brunnen. Drei Gänse flattern, man hört sie förmlich schnattern, über dem Brunnenbecken. Einer geschichtlichen Überlieferung trägt die Stadt auch den Beinamen Gänsestadt. In seiner Erzählung „Die Gänse von Bützow" hat Wilhelm Raabe diese Geschichte niedergeschrieben. Man möchte länger in dieser Stadt verweilen, aber wenn wir heute noch bis Krakow am See wollen, müssen wir aufbrechen.

Weiter geht es in Richtung Güstrow. Wir sind neugierig und voller Erwartung, den „Schwebenden" von Ernst Barlach zu besichtigen. Noch müssen wir unsere Ungeduld zähmen, denn bis nach Güstrow sind noch einige Kilometer unter die Reifen zu nehmen.

Die Landschaft fast unberührte Natur, Wälder, kleine Wäldchen, große Felder mit Raps und reifendem Getreide wechseln sich ab. Ein Weg folgt dem Bützow-Güstrow Kanal. Wir verfehlen den neu angelegten Radweg und radeln einige

Kilometer auf dem alten. Er ist etwas holprig, aber dafür Natur pur.

Schneller als gedacht haben wir Güstrow erreicht. Ein in einer reizvollen Seenlandschaft gelegener Ort, der zu Recht Beinamen wie Residenzstadt, Klein-Paris oder Barlachstadt trägt. Auf dem Marktplatz vor dem Rathaus wird Markt abgehalten. Geschäftigkeit, aber keine Hektik. Neben dem prunkvollen Rathaus zieren restaurierte Stadthäuser den Platz.

Nun ist endlich der Besuch des Doms an der Reihe. Vorher organisieren wir aber erst noch ein Quartier für heute Abend. Die Mitarbeiterinnen der Touristinformation Güstrow bemühen sich gemeinsam mit ihren Kolleginnen in Krakow am See für uns eine Übernachtung zu finden. Unerwartet schnell ist alles erledigt und in einer Ferienwohnung werden wir den heutigen Abend und die Nacht verbringen. Toll!

Jetzt geht es endlich zum Dom. Den Platz um den Dom begrenzen Bürgerbauten und vermitteln das Flair eines mittelalterlichen Ensembles. Der Dom selbst wurde in Backsteingotik errichtet und in den vergangenen Jahren vollständig restauriert. Im Innern des Doms besonders interessant der monumentale Stammbaum des Hauses Mecklenburg. Und dann sehen wir ihn endlich, den „Schwebenden" von Ernst Barlach. Im 3. Reich als entartete Kunst verschrien und eingeschmolzen. Heute ist ein Neuguss zu besichtigen.

Beeindruckend auch das Schloss mit seinem Renaissancegarten, geziert von Hainbuchen, Laubengängen und einem

Wassergraben. Wegen umfangreicher Restaurierungsarbeiten ist eine Besichtigung nicht möglich. Wir müssen weiter. Noch etwa 25 Kilometer sind es bis Krakow am See.

Eine kleine Panne. Gudis Kette vom Fahrrad verweigerte ihren Arbeitsplatz. Der Schaden ist schnell behoben. Dank mitgeführter Gummihandschuhe gelingt die Reparatur ohne schmutzige Finger. Gudis Laune schwächelt etwas, aber das gibt sich schnell wieder, denn es geht in rasanter Fahrt, der Tourenbeschreibung folgend, am Gutshotel Groß Breesen vorbei. Kurz danach „Mücket Design", Porzellan, Keramik, Schmuck, Kaffee, Tee und Kuchen im Garten. Wir halten an.

Während Gudi mit dem Wirt über unser Kaffeegedeck verhandelt, oder ist es der Handwerker (?), schaue ich mir die Schmuckauslagen an. Wenn schon keine Schuhe, dann werde ich mich mit einem Anhänger für die bisher erfolgreich absolvierten Kilometer belohnen.

Bei unserer Kuchenbestellung macht Gudi den Wirt auf sein nicht ganz passendes Outfit aufmerksam. Wir sitzen im Garten, Die Sonne scheint. Es dauert nicht lange und Kuchen und Kaffee werden serviert. Der Wirt nun angemessen gekleidet; schwarzweiß gestreifte Leinenschürze. Nach einer etwas längeren Pause brechen wir auf. Bis Krakow am See sind es noch 15 Kilometer.

Langsam spüren wir, dass wir in der Mecklenburgischen Schweiz unterwegs sind. Hügel an Hügel und manchmal auch Berg an Berg. Bergab erreichen wir Höchstgeschwindigkeiten bis 35 km/h, bergan reizen wir die Gangschaltung aus.

Der Fahrradtacho zeigt 75 Tageskilometer an, als wir vor der Touristinformation in Krakow am See halten. Die Unterlagen für die Ferienwohnung liegen bereit. Vorher schnell noch zum Supermarkt, denn bei einer Ferienwohnung ist Eigenversorgung ein Muss. Die Unterkunft. Komfortabler geht es kaum: Wohnzimmer, Schlafzimmer, Küche und Bad, dazu eine überaus nette Vermieterfamilie.

Wir haben Hunger und bereiten uns ein „fürstliches" Abendbrot, was auch jeder von uns darunter versteht; für Gudi heißt das ein Quarkbrötchen und 2 !!! Wiener Würstchen. Ich lasse den ganzen Mehlkram weg und verspeise zu Gudis Erstaunen vier Wiener Würstchen. Das Übriggebliebene wird ein kleines Lunchpaket für morgen.

Nach dem Abendessen ein Spaziergang zum See. Am Ufer ist es menschenleer. Man spürt, dass die Saison noch nicht begonnen hat. Uns stört es nicht, wir empfinden es angenehm. Ein Kinderspielplatz mit einem Wasserlauf plus Pumpe interessiert Gudi. Die Pumpe zum Laufen zu bringen gelingt uns nicht. Während wir noch überlegen, warum kein Wasser läuft und ich ergebnislos an einer Wasserschnecke rumdrehe, hören wir folgenden Satz : „Sie funktioniert wohl wieder nicht!" Erschrocken blicken wir beide von dem Spielgerät auf. Uns gegenüber auf dem Fahrrad sehen wir Udo, den Wächter des Aussichtsturmes auf dem Jörnberg und der Spielgeräte an der Promenade, wie wir erfahren. Udo klärt uns auf, dass die Pumpe angegossen werden muss, um Wasser zu fördern und führt das auch gleich vor. Und tatsächlich, nachdem er einen Becher Wasser in das Pumpenrohr gegossen hat, tritt nach Betätigung des Pumpenschwengels Wasser aus der Pumpe. Jetzt ist er an der Reihe, uns auszufragen und wir geben ihm bereitwillig zu unserem morgigen Vorhaben Auskunft. Und erhalten von ihm den wichtigen Hinweis, dass der Radweg in Richtung Waren durchgehend „geteert" ist. Es wird Zeit, dass wir uns verabschieden und zurück zur Ferienwohnung gehen. Gemeinsam verfolgen wir noch den Wetterbericht im Fernsehen. Der „Wetterfrosch" orakelt für morgen schönes Wetter.

Gudi hat vergeblich auf den gewinnbringenden Anruf gewartet. Vielleicht schicke ich ihr in Berlin eine Packung Bio-Eier. Den restlichen Abend bestimmt ein mehr oder weniger interessantes Fußballspiel im Fernsehen.

Freitag, 16. Mai 2014

Sonnenschein am Morgen. Vom Bett aus kann ich die ersten Flugversuche junger Schwalben beobachten. So nah sind wir an der Natur. Gegen 8:00 Uhr verabschieden wir uns von unserer Herbergsfamilie. Wir frühstücken beim Bäcker am Markt; „Mecklenburger Frühstück". Lecker und mengenmäßig viel zu viel. Als wir auf den Rädern sitzen, merken wir, wie hinderlich so ein üppiges Frühstück sein kann.

Entlang am See erreichen wir den von Udo gepriesenen „geteerten" Radweg. Der Himmel über uns ist blau mit

Kumuluswolken, die wie dicke Federbetten aussehen. Nach etwa einer halben Stunde haben wir „Reuters Blick" erreicht. Von hier aus hat man eine eindrucksvolle Sicht auf den See. Unmittelbar vor uns auf einer Koppel Pferde, im Hintergrund der See und am Horizont säumt ein Wald das andere Ufer. So sehr es sich lohnt, dieses Panorama zu genießen, wir müssen weiter. Links und rechts wird der Weg von herrlichen Buchenwäldern gesäumt.

Noch vor dem Ort Serrahn haben wir einen steilen Anstieg zu bewältigen. Am Ortseingang schlängelt sich ein glasklares Flüsschen, die Nebel, durch ein enges Tal. Ohne größere Pause radeln wir bis Waren durch. Misch- und Nadelwald säumen den Radweg, ab und zu unterbrochen von weiten Feldern. Noch ist die Natur frisch. Die blühenden Raps- und Getreidefelder erinnern uns an vergangene Radtouren. Udo hatte recht, wir fahren noch immer auf „geteerten Wegen", und wie auf den bereits zurückgelegten Kilometern sehr naturnah. Die Mecklenburger Seenplatte mit ihrer Hügel-und Seenlandschaft bringt sich immer wieder in Erinnerung. Die Kondi ist gefordert.

Ein riesiger Hochwald mit wenig Unterholz lädt zum 2. Frühstück ein. Aufbruch. Ich mal wieder ohne Rucksack, bemerke es aber in allerletzter Minute. Hinter Jabel an dem Abzweig zum Damerower Werder steht ein riesiger Wisent auf der Wiese; leider aus Holz. Im Vordergrund grast eine Herde Galloway-Rinder. Stattliche Tiere, die durchaus auch schon Respekt einflößend sind.

Wir erreichen Waren. An die Müritz kommen wir nicht direkt ran, aber dafür bietet sich uns ein einmaliges Erlebnis. Aus dem Radweg wird ein Wanderweg (Radfahrer werden gebeten abzusteigen) mitten durch ein Biotop „Verlandung von Ufersteigen". Naturnah auf einem Knüppeldamm durchqueren wir dieses Landschaftsgebiet. Viele Hinweise auf ansässige Tiere und Pflanzen machen deutlich, wie vielfältig die Natur an dieser Stelle ist. Dann geht es auf dem Fahrrad weiter. Wir durchkreuzen einen Klettergarten. Über uns wagemutige Kletterer. Dann haben wir die Stadt erreicht. Viel Geschäftigkeit in der Stadt; Touristen über Touristen. Wir vermissen die Beschaulichkeit, die wir bisher in den Städten wahrgenommen haben.

Es ist keine Zeit, diesen Gedanken und Empfindungen länger nachzuhängen. Wir brauchen ein Quartier für heute Abend. Erster Anlaufpunkt ist die Touristinformation. Wir werden freundlich empfangen, aber dann müssen wir uns doch selbst um unsere Übernachtung kümmern. Was nicht im Unterkunftsverzeichnis steht, gibt es nicht. Wir blättern im Tourenplan nach und finden Unterkunftsangebote in Kargow. Gleich beim ersten Anruf gelingt es Gudi mit viel Charme, eine Unterkunft zu buchen. Wir werden wieder eine Ferienwohnung haben. Ferienwohnung bedeutet Selbstversorgung. Erst sehen wir uns aber die Stadt an, die beiden Stadtkirchen, die Marina und lassen uns in einem Straßencafé ein Riesen-Rhabarber-Streußel-Stück schmecken. Dann tätigen wir den Einkauf für das Abendessen.

Das Quartier ist gebucht und wir können den Weg nach Kargow gelassen angehen. Es sind nur noch etwa zehn Kilometer.

In Federow befindet sich ein Informationspunkt des Müritz-Nationalparks. Von hier aus kann man Busfahrten in den Nationalpark unternehmen. Uns wird die Entscheidung, an solch einer Tour durch den Nationalpark teilzunehmen, abgenommen. Es ist zu spät. Der große Ausstellungspavillon und das brütende Seeadler-Pärchen, dessen Nest per Videokamera überwacht wird, bieten eine Menge Informationen. Gegenüber vom Info-Pavillon befindet sich ein Bauernhof mit dem Café „Bunte Kuh". Für einen Kaffee ist noch Zeit. Dann brechen wir auf. Fünf Kilometer haben wir im wahrsten Sinn des Wortes noch zu strampeln, denn ein nicht zu unterschätzender Gegenwind knabbert an unserer Kondi.

Die Unterkunft in Kargow haben wir schnell gefunden. Der Hausherr begrüßt uns mit dem Satz: „Guten Tag, Siegfried, Jahrgang 42". Was soll man darauf antworten. Ich: „Guten Tag, Monika, Jahrgang 41". Gudi beschränkt sich auf ein „Guten Tag". Eine der ersten Informationen ist, dass es im Dorf keine Gaststätte gibt. Kein Problem für uns, denn wir haben ja bereits für das Abendessen eingekauft. Doch ehe wir unsere Ferienwohnung beziehen können, gibt es eine umfangreiche Information zur Geschichte des Ortes, zur Geschichte allgemein usw.. Das Wissen des Hausherrn ist unerschöpflich, nicht langweilig, eher interessant. Dann endlich können wir unsere Unterkunft, nett eingerichtet in Augenschein nehmen; Wohnzimmer, Schlafzimmer und

Bad. Für den nächsten Morgen ist das Frühstück inclusive gebucht. Schnell etwas frisch machen und dann zu Abend essen. Die letzten Kilometer im starken Gegenwind haben unseren Hunger vervielfacht.

Ein Verdauungsspaziergang durch das Dorf lässt uns an manchem Ort staunen; ein herrschaftliches Gutshaus, leider dem Verfall preisgegeben, gepflegte Grundstücke. Wie dicht in diesem Dorf Vergangenheit und Gegenwart beieinander liegen und sichtbar sind, zeigt ein Bahnübergang. Die Schranken sind geschlossen und rosten vor sich hin. Strauchwerk hat begonnen, dieses ehemalige Sicherungsmittel der Bahn zu überwuchern. Das Bahnhofsgebäude von Kargow ist umgebaut zu einem schmucken Wohngebäude. Da stören sicher auch die wenigen noch verkehrenden Züge nicht.

Bei unserer Rückkehr lernen wir auch die Hausherrin, Susi, kennen. Ein nettes Ehepaar, welches, so scheint es, auch mit uns zufrieden ist.

Für den weiteren Abend steht zur Auswahl: Fernsehen oder Bett. Uns fällt die Entscheidung nicht schwer: Bett.

Samstag, 17. Mai 2014

Kurz nach sieben Geschirrgeklapper aus dem Wohnzimmer. Siegfried scheint alles im Griff zu haben. Langsam kriecht ein Duft von frisch gebrühtem Kaffee in unsere Nasen.

Frühstückszeit. Was da für uns im Wohnzimmer aufgebaut worden ist, kann man nur als ein liebevoll zubereitetes Frühstück beschreiben, frische Hühnereier, selbstgemachte Marmeladen, ein guter Kaffee und alles was sonst noch zu einem leckeren Frühstück gehört. Wir lassen uns Zeit.

Dann ein letztes Gespräch mit den Wirtsleuten. Wir bezahlen unsere Unterkunft und wollen los. Aber so schnell geht das nicht, denn Siegfried hat noch eine Menge interessanter Dinge zu berichten. Deshalb verspätet sich unser Aufbruch.

Gestern Abend haben wir uns geeinigt, die Tour in Kratzeburg zu beenden. Eigentlich wollten wir bis Neustrelitz fahren, aber der Radweg macht einen mächtigen Bogen in Richtung Süden und so müssten wir wieder eine Etappe von über 70 Kilometer fahren. Nein, die Strecke von Kratzeburg bis Berlin heben wir uns auf.

Von Kargow aus geht es in Richtung Ankershagen. In Ankershagen überrascht uns ein großes hölzernes Pferd. Es ist ein Hinweis auf das 1980 gegründete Museum; eine Gedenk- und Forschungsstätte für den bekannten Archäologen Heinrich Schliemann, der hier seine Kindheit verbrachte. Es ist das einzige Schliemann-Museum weltweit und beherbergt archäologische Funde, Schrift- und Bilddokumente dieses berühmten Forschers. Wir kramen all das Wissen aus, was wir über ihn noch haben und bereichern es neu mit der sehr informativen Ausstellung zu seinem Leben und Wirken. Wir können uns Zeit lassen, denn unsere heutige Etappe wird nur etwas über 35 Kilometer lang sein.

Wir sind noch gar nicht wieder so richtig in Tritt gekommen, als ein Wegweiser auf die Havelquelle hinweist. Etwa 500 Meter abseits vom Radweg entspringt sie in einem kleinen Wald. Auf einem mit einer Stele gestalteten Platz, umsäumt von Steinen, auf denen die Stadtwappen der wichtigsten Städte, die der Fluss durchfließt, angebracht sind. Hier sprudelt die Quelle aus der Erde. Auf den Informationstafeln, die die Geschichte der Havelquelle erläutern, kann man lesen, dass der eigentliche Ursprung der Havel Bornsee, Trinnensee und Mühlsee sind.

Eine längere Rast an dieser Stelle ist nicht möglich, denn der Fahrplan der DB hat Einfluss auf unseren Zeitplan.

Zurück auf den Radweg. Die letzten Anstiege erinnern uns an das hügelige und teilweise bergige Gelände der vergangenen drei Tage. Die letzten Kilometer bis Kratzeburg gehen wir ganz gemächlich an.

Erste Gedanken zu unserem Vorhaben, den gesamten Radweg Berlin-Kopenhagen zu fahren: Man kann ihn durchaus in Teilstrecken fahren, Herausforderungen erleben und viel Spaß dabei haben.

Der Teepott in Warnemünde

Marktplatz in Bützow

„Der Schwebende" von Ernst Barlach
im Güstrower Dom

Reuters Seeblick auf die Krakower Seenlandschaft

Auf dem Weg von Güstrow nach Krakow am See

Teil II   Kratzeburg – Zehdenick – Berlin

1.Tag	Berlin – Kratzeburg mit der DB	
	Kratzeburg – Neustrelitz	30 km
2.Tag	Neustrelitz – Neuglobsow – Himmelpfort	60 km
3.Tag	Himmelpfort – Zehdenick	33 km
	Zehdenick – Berlin mit der DB	

Der Radweg Berlin–Kopenhagen

Teil II
Kratzeburg–Zehdenick

Den ganzen Sommer über hatten wir uns mit Radtouren fit gehalten und uns gedanklich mit der Fortsetzung unserer Tour auf dem Radweg Berlin-Kopenhagen beschäftigt. Und wir hatten auch eine Entscheidung getroffen, den Radweg nicht bis Berlin zu fahren, sondern ihn bereits in Zehdenick zu beenden.

Der Grund dafür ist, dass wir den Teil des Radwegs in den vergangenen Jahren in Tagesetappen geradelt und die Strecke im Stadtgebiet gewandert sind. Als Start für den Teil II wählten den 13. August.

Mittwoch, 13. August 2014

Hatte im Mai – vor unserem Tourbeginn – besonders das Wetter unsere ganze Aufmerksamkeit in Anspruch genommen, gehen wir diesmal die drei vor uns liegenden Etappen gelassener an. Ich bin wie immer sehr früh – zu früh auf dem Bahnhof. Und was tut man auf einem Bahnhof, wenn noch Zeit bis zur Abfahrt des Zuges ist? Man beobachtet die anderen Reisenden. Meine Aufmerksamkeit hat ein Cocker Spaniel, der sich vehement weigert, den Zug zu besteigen. Es ist ein Cocker Spaniel der alten Rasse, also groß und mit den Jahren auch schwerer geworden. Ich biete Frauchen meine Hilfe an, den Hund in den Zug zu bugsieren. Selbst dass er in früheren Jahren seines Hundelebens mehrfacher Champion seiner Rasse war, ändert nichts daran, dass er sich mit all seinen Kilos weigert einzusteigen. Meine Hilfe ist also nicht gefragt und Frauchen bleibt nichts anderes übrig, als auf den nächsten Zug zu warten, in der Hoffnung, dass er behindertengerechte Einstiege hat. Bei so viel Hundeliebe vergeht die Zeit schnell. Nun müsste aber Gudi erscheinen.

Langsam werde ich kribbelig. Sie ist doch sonst immer pünktlich. Sechs Minuten vor Abfahrt des Zuges ist sie da. Schnell sind die Räder im Zug untergebracht, die Sitzplatzsuche ist problemlos, denn im Zug sind kaum Mitreisende. Ein Fensterplatz soll es sein und die Räder dabei gut im Blick. Stressfrei und relaxt wollen wir Teil II starten.

In Oranienburg müssen wir das erste Mal umsteigen. Der Anschluss passt perfekt. Weiter geht es mit dem RE 5 Richtung Rostock bis Neustrelitz, leider mit einer kleinen Verspätung, die den Anschluss in Neustrelitz in Frage stellt. Aber der Bahn sei Dank, wir kommen fahrplanmäßig in Neustrelitz an. Noch 10 Minuten Zugfahrt und wir haben Kratzeburg, den Ausgangspunkt unserer Tour erreicht. Mit einem Foto dokumentieren wir unseren Start. Weit kommen wir nicht. Nach knapp zwei Kilometern erster Halt. Rast bei

Siggi Hecht, einer Einkehr für Rad- und Kanufahrer. Dieser Halt muss sein, denn Siggi hat einst mit Gudi zusammen die gleiche Schule besucht und war Schüler ihrer Lehrereltern. Wir trinken einen Kaffee, auf Kontakt zum vielbeschäftigten Inhaber verzichtet Gudi.

Nun soll es aber richtig losgehen. Sehr weit kommen wir nicht. In Dalmsdorf glitzert uns allerlei Schönes entgegen. Nun bestehe ich auf einem Halt. Die Besichtigung der Glasmanufaktur mit einem repräsentativen Ausstellungsraum ist verführerisch. Ich kann nicht widerstehen und so wandert eine Keramikkatze in mein Reisegepäck. Wieder etwas fürs Regal, aber egal es muss sein.

Jetzt geht es aber wirklich los. 30 Kilometer sind heute zu bewältigen. Wir sind so schnell, dass wir in Granzin den Hinweis auf die Fischadlerbeobachtungsstation verpassen. Schade! Bis Babke sind es knapp sechs Kilometer. Der Ort ist ein kleines ehemaliges Bauerndorf an der Havel, eingebettet in eine herrliche Landschaft, am Rande der Zotzenseeniederung und Ausgangspunkt für Rad- und Wasserwanderer. Wir sind gut im Tritt und ohne weiteren Stopp fahren wir durch die beschauliche Ortschaft Blankenförde. In Zwenzow, am Nordufer des Großen Labussee, lädt eine Badestelle zu einem Halt ein. Wir widerstehen der Versuchung, radeln vorbei an der Useriner Mühle bis Userin. Nett anzusehen sind die restaurierten Fachwerkhäuser entlang der Straße.

Am Useriner See dann unsere erste Rast. Am See ist kaum Betrieb. Ein Imbisswagen lässt uns schwächeln. Es riecht nach frischem Blechkuchen und auch den Kaffeeduft können wir nicht ignorieren. Erst als am frühen Nachmittag die ersten Badegäste eintreffen, brechen wir auf. Bis Neustrelitz, unser heutiges Ziel, sind es noch zehn Kilometer.

Kurz vor Neustrelitz fahren wir an einem Slawendorf vorbei, Nachbildung einer traditionellen slawischen Siedlung. Man kann hier nicht nur alte Handwerke ansehen, man kann sie auch selbst ausprobieren. Ein interessanter Ort nicht nur für Kinder. Wir verzichten auf einen Besuch, Neustrelitz ist schon so nah.

Der Radweg führt direkt zum Schlossgarten. Zu Fuß erkunden wir dieses gärtnerisch und architektonisch eindrucksvolle Ensemble. Neben dem typischen Barockgarten mit einer Vielzahl seltener alter Bäume gehört auch eine Orangerie, ehemaliges Winterquartier für tropische Pflanzen dazu. Beide werden zur Zeit neu gestaltet bzw. restauriert. Leider existiert das Schloss nicht mehr, aber auf einer Informationstafel kann man viel über die Schlossgeschichte erfahren. Nach unserem Spaziergang durch diese wunderschöne Parkanlage sind wir wieder bei unseren Fahrrädern angekommen. Über die Schlossstraße erreichen wir den Marktplatz mit Rondell, von dem sechs Straßen abgehen. Die Stadtkirche mit ihrem 45 Meter hohen Turm im toskanischen Stil dominiert den Platz. Wir sind überrascht von dieser Stadt, so dass wir uns ohne Zögern, noch bevor wir unser Quartier aufsuchen, zu einem Stadtrundgang entschließen. Gudi hat in der Touristeninformation einen Flyer erhalten, der uns zu den bedeutendsten und bekanntesten Gebäuden der Stadt leiten soll. Neustrelitz wurde bereits 1733 als Residenzstadt der Herzöge von Mecklenburg-Strelitz gegründet. Die Stadt liegt an zwei Seen, dem Zieritz- und dem Glambecker See. Vielfältige Architekturrichtungen prägen die Stadt. Beeindruckend ist die reichlich verzierte Jugendstilfassade am Haus Glambecker Straße 3.

Wir erfahren, welche bekannte Persönlichkeiten die Stadt besuchten bzw. in ihr lebten; so unter anderem Heinrich Schliemann, Adolf Glaßbrenner, Engelbert Humperdinck und andere. Alles können wir uns nicht ansehen und so beenden wir nach fast zwei Stunden unsere Sightseeingtour durch Neustrelitz. Es wird Zeit, dass wir einchecken. Im Gästehaus des Kultur- und Tourismuszentrums „Alte Kachelofenfabrik" ist für uns ein Zwei-Bett-Zimmer reserviert.

Die Alte Kachelofenfabrik, in der noch bis Ende 1969 Kachelöfen produziert wurden, ist heute Kultur- und Tourismuszentrum. Wir sind im Gästehaus untergebracht. Die Ausstattung der Zimmer ist einfach, aber akzeptabel.

Neugierig, noch mehr von Neustrelitz zu sehen, besuchen wir den nur wenige Minuten von unserer Unterkunft entfernten Stadthafen am Zierker See. Die verbliebenen Gleise in der Straße am Hafen sind Zeugnis der ehemaligen Anbindung des Hafens an die Bahnstrecke Berlin-Stralsund. Die alten Speichergebäude aus dem 19. Jahrhundert wurden zu Wohnungen und Büros umgebaut. In der Erdgeschosszone befinden sich Geschäfte und Restaurants. Eine Dampferanlegestelle und der Wasserwanderrastplatz mit Hafenmeisterei gibt dem Ganzen eine Atmosphäre, wie man sie eigentlich nur in Hafenstädten erlebt. Es beginnt zu dämmern und langsam werden wir auch müde. Schluss mit den Erkundungen und ausruhen für all das Schöne, was wir in den nächsten Tagen noch erleben werden. Ehe wir diesen reizvollen Ort verlassen, gestatten wir uns noch ein Bier als Schlaftrunk. Dann geht es zurück zur Unterkunft.

Donnerstag, 14. August 2014

Wir haben gut geschlafen. Das Gepäck ist auf den Rädern verstaut. Wir fahren zum Café am Markt. Wir haben es uns gestern ausgeguckt für unser Frühstück. Die Sonne scheint und verspricht einen wunderbaren Sommertag. Frühstück im Garten des Cafés, dabei die Stadt und ihre Menschen beobachten, dass genießen wir. Die aufdringlichen Wespen, die an unserem Frühstück teilhaben wollen, ignorieren wir einfach. Kann ein Tag schöner beginnen?

Nach dem Frühstück starten wir. 57 Kilometer stehen heute auf unserem Plan. In Groß Quassow führt der Weg an einer 600-jährigen Eiche vorbei, noch zu früh für eine Rast. Die Route führt durch ausgedehnte Wälder. Nach 15 Kilometern haben wir Wesenberg erreicht.

Wesenberg liegt am Woblitz-See, in der Landschaft des Müritz Nationalparks. Wir tangieren den Ort nur. Mir fällt ein, dass der Schriftsteller Helmut Sakowski, bekannte Werke von ihm sind „Wege übers Land" und „Daniel Druskat", in Wesenberg seine letzten Jahre verbrachte und hier 2005 starb. Von Wesenberg aus geht es Richtung Strasen nach Wustrow. In Strasen macht eine kleine Straußenfarm mit Café auf sich aufmerksam. Ein schöner Ort für eine kleine Pause. Leider werden wir enttäuscht. Auch für die Einkehr, ohne Besuch der Farm, wird Eintritt verlangt. Wir verzichten auf den Café-Besuch, nicht aus Geiz; wir finden es unangemessen, dafür Eintritt zu bezahlen. Auf einer kleinen Wiese gegenüber der Farm picknicken wir.

Kurz hinter Großmenow verlassen wir den Radweg Kopenhagen-Berlin. Wir wollen dem Stechlinsee einen Besuch abstatten. Der Stechlinsee wird auch die Perle der Mark genannt. Er ist der größte und der tiefste Klarwassersee Norddeutschlands. Fast unberührte Natur, immer noch so, wie ihn Theodor Fontane beschrieben hat. Auch für mich hat der Stechlinsee eine besondere Bedeutung.

In Neuglobsow hatte ich vor fast einem halben Jahrhundert meine große Liebe erlebt. Das ist ein Grund, den Radweg für eine kurze Rückkehr in die Vergangenheit zu verlassen. Neuglobsow liegt im Nationalpark Stechlin-Ruppiner Land unmittelbar an dem mit einem wunderbaren Buchenwald umgebenen Stechlinsee.

Während Gudi unbelastet von irgendwelchen Erlebnissen aus der Vergangenheit sich voll der einmaligen Natur hingeben kann, versuche ich Orte, die ich gedanklich gespeichert habe, wiederzufinden. Alles Irrtum, die Zeit hat alles verändert. Die Landschaft hat ihren Reiz nicht verloren, aber der Tourismus hat weder vor dem Ort noch dem See halt gemacht und ihm Beschaulichkeit und Ruhe genommen. Neuglobsow, einst ein kleines malerisches Dorf, ist zu einem touristisch bis in Detail erschlossenen Ort geworden.

Wir brechen auf. Vorher noch eine kleine Stärkung und dann die erste Herausforderung, der Anstieg vom See in den Ort. Noch ehe wir den Ortsausgang erreicht haben, streikt Gudis Fahrrad; ein kleiner Kettenschaden. Die Straßen sind steil und eng ebenso der Gehweg und so entschließen wir uns, auf einer wildwachsenden Rasenfläche den Schaden zu beheben. Was wir nicht sehen ist, dass auf der ungepflegten, nicht eingefriedeten Grünfläche ein Haus steht. Wir haben das Fahrrad noch nicht einmal richtig abgestellt, als wir in einem nicht sehr freundlichen Ton vernehmen: Privatgrundstück – und wir sollen es schleunigst verlassen. Der ungepflegten Grünfläche war nicht anzusehen, dass sie privat ist. Ehe wir überhaupt reagieren können, werden wir erneut aufgefordert, das Grundstück sofort zu verlassen. Wir sind schockiert über so viel Unfreundlichkeit und verlassen unverzüglich das private Anwesen. Sind aber irgendwie frustriert. Was wäre, wenn wir ein ernsthaftes, eventuell ein gesundheitliches Problem gehabt hätten? Es passt zu dem, wie ich den Ort nach fast 50 Jahren wahrgenommen habe.

Wir holen tief Luft, treten kräftig in die Pedalen, denn es sind einige Berge zu bezwingen, und erfreuen uns an der einzigartigen Natur. Buchenwälder wechseln mit Kiefernwäldern, ehemalige Sandwege sind mit Asphalt belegt und lassen Radler voll die Natur erleben. Nach rund acht Kilometern sind wir in Fürstenberg.

Fürstenberg liegt an der oberen Havelwasserstraße. Sehenswert ist die Stadtkirche am Markt mit einem sieben Meter langen Batikteppich, der über dem Altar hängt. Die Kirche wird zur Zeit instandgesetzt. Der Marktplatz, so erfahren wir, wurde in seiner ursprünglichen Art restauriert. Die Unebenheiten der Pflastersteine drücken merklich durch unsere Schuhsohlen, aber das Ensemble sieht schön aus. Nach der Besichtigung von Kirche und Marktplatz ruhen wir uns im Marktcafé aus und plaudern über die Eindrücke des heutigen Tages. Dabei bekommen wir zu spüren, was die Stadt eigentlich prägt. Es ist die erhebliche Verkehrsbelastung, bedingt durch den Schnittpunkt zweier Bundesstraßen. Um weiter zu kommen, müssen wir uns ein kleines Stück in den nicht abreißenden Fahrzeugstrom „drängeln" vorbei am Barockschloss, das in Baugerüste eingehüllt ist. In der Vergangenheit wurde es unterschiedlich genutzt.

Endlich raus aus dem Verkehr, vorbei an der Havelschleuse, die den Röblinsee und den Baalensee verbindet. Wem Fahrradfahren auf Radwegen und Straßen nicht ausreicht, kann mit einer Fahrrad-Draisine von Fürstenberg bis nach Templin auf Schienen fahren.

Wir radeln in Richtung Himmelpfort. Kurz hinter Fürstenberg folgen wir einer Betonstraße, die unmittelbar an der Mahn- und Gedenkstätte Ravensbrück entlang führt. Es beginnt zu regnen und wir müssen uns sputen, um einigermaßen im Trockenen Himmelpfort zu erreichen. Kurzzeitig, da der Regen stärker wird, suchen wir unter einer Baumgruppe Schutz.

Himmelpfort schlängelt sich an einer Straße entlang. Fast am anderen Ende des Dorfes liegt unsere Unterkunft. Von den Wirtsleuten werden wir herzlich aufgenommen. Nachdem die Fahrräder untergestellt und die wichtigsten Sachen ausgepackt sind, der Regen hat unterdessen aufgehört, wollen wir mehr sehen.

Himmelpfort ist ein kleiner Ort inmitten der Ruppiner Seenplatte. Bekannt ist das auf einer Landzunge von vier Seen umgeben gelegene Zisterzienserkloster. Von der vor 700 Jahren erbauten Klosteranlage sind nur noch Teile wie die Arkaden erhalten. Die Klosterkirche ist teilweise erhalten und dient auch heute noch als Kirche. In unmittelbarer Nähe kann man im „Keltischen Labyrinth", gebaut aus Feldsteinen, seinen Weg suchen.

Interessant ist auch die Himmelpforter Schleuse. Sie verbindet den Stolp- und den Haussee. Die Schleusengänge werden vollautomatisch gesteuert. Nachdem wir uns einige Schleusengänge angeschaut haben, möchten wir ein weiteres Wahrzeichen von Himmelpfort kennenlernen, die Weihnachtsmannstube und das Weihnachtspostamt. Die Weihnachtsmannstube ist ganzjährig zu besichtigen. Für die Zeit, in der das Weihnachtspostamt nicht geöffnet hat, gibt es einen Wunschbriefkasten. Wir sind dem Weihnachtsmann so nah und wenn wir auch noch lange nicht an Weihnachten denken, wir schreiben einen Brief an ihn und bitten um einen Gruß für unsere Jüngsten zum Fest. Auf dem Hof wird Herzhaftes angeboten. Die Bratwürste duften vom Rost und der Kartoffelsalat sieht lecker aus. Es fällt uns schwer zu widerstehen, aber wir sind müde. Es wird Zeit, den Tag zu beenden. Morgen ist unsere letzte Etappe. Wir hoffen auf schönes, vor allem trockenes Wetter.

Freitag, 15. August 2014

Nach einer erholsamen Nacht und einem guten Frühstück geht es in Richtung Zehdenick. Nach vier Kilometern erreichen wir Bredereiche. Der Weg ist nicht besonders fahrradfreundlich – Kopfsteinpflaster. Imposant ist die Havelschleuse, die einen Höhenunterschied von drei Metern überwindet.

Später wird der Weg besser. Wir radeln auf einer Fahrradstraße durch den Wald bis Dannenwalde, gelegen am Kleinen und Großen Wentowsee.

Mitten im Ort steht ein achteckiges gotisches Gebäude. Es ist die Radfahrerkirche „Kirche am Wege". Unmittelbar am Bahnhof, der als Umweltbahnhof vorgestellt wird, kann man auf einem Rundweg, dem Barfußpfad, etwas für seine Füße tun. Man kann über unterschiedlichen Untergrund gehen oder seinen Fußabdruck mit dem von Tieren vergleichen. Nachdem wir das alles ausprobiert haben, radeln wir weiter. Der Weg führt über Wentow und Zabelsdorf. Langsam wird uns klar, dass wir fast am Ende der Tour sind. Nach 35 Kilometern haben wir Zehdenick erreicht.

Ankunft in Kratzeburg

Badestelle Zwensow

Naturschutzgebiet Havelseen

Eidechse

Stadthafen in Neustrelitz

Schleuse in Himmelpfort

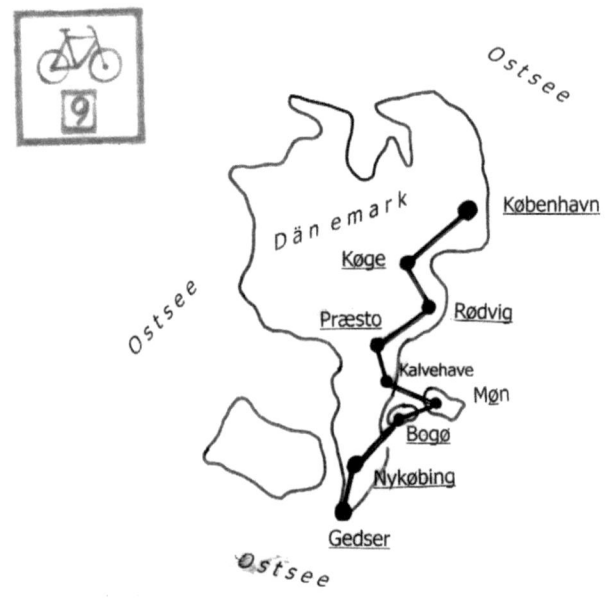

Teil III Rostock – Kopenhagen

1. Tag Berlin – Rostock mit der DB
   Rostock – Gedser Fähre
   Gedser – Nykøbing   29 km
2. Tag Nykøbing – Stubbekøbing – Bogø   42 km
3. Tag Bogø – Præsto   50 km
4. Tag Præsto – Rødvig   40 km
5. Tag Rødvig – Køge   45 km
6. Tag Køge – Hundige   28 km
   Hundige – København mit der S-Bahn
7. Tag København – Nykøbing mit der DSB
   Nykøbing – Gedser   29 km
   Gedser – Rostock Fähre
   Rostock – Berlin mit der DB

Der Radweg Berlin–Kopenhagen

Teil III
Rostock–Gedser–Kopenhagen–Gedser–Rostock

Der dritte Teil unserer Radtour Berlin-Kopenhagen stand noch aus. Geplant war, auf gutes Radwetter hoffend, der Frühherbst. Bereits im Juni begannen wir mit den Vorbereitungen, d. h. Festlegen von Anzahl und Länge der Etappen, Reservierung der Unterkünfte und Buchung der Tickets für die Fahrten mit der DB, DSB und Scandlines.

Anfangs hatten wir für die Strecke Gedser-Kopenhagen sechs Tage vorgesehen und voller Enthusiasmus zwei Etappen mit über 60 Kilometern geplant.

Ein Tiefdruckgebiet mit nicht gerade radfahrerfreundlichem Wetter in der Vorbereitungsphase ließ uns diese Entscheidung überdenken. Wir verlängerten um einen Tag und damit war keine Tagesetappe wesentlich über 40 Kilometer lang. Es sollte sich als eine gute Entscheidung herausstellen. Im August stand fest, dass wir am 4. September in Berlin starten werden und am 10. September zurück sein wollen.

Freitag, 4. September 2015

Die letzte Nacht haben wir beide unruhig verbracht. Sind unsere Vorbereitungen real? Werden wir Nykøbing, das Ziel der ersten Etappe, erreichen? Das sind nur zwei Fragen von vielen, die uns beschäftigten.

Überpünktlich bin ich am Bahnhof Berlin Gesundbrunnen, unserem Treffpunkt. Auch Gudi trifft überpünktlich ein. Sie hatte sich vorher noch durch einen Anruf vergewissern wollen, dass ich unseren Tourenbeginn nicht verschlafe. Leider hat sie mich nicht erreicht, denn ich war schon unterwegs. Umso größer ist die Wiedersehensfreude auf dem Bahnhof. Nun muss nur noch die Zeit bis zur Abfahrt des Zuges vergehen.

Auf dem Bahnsteig eine nicht zu unterschätzende Menschenmenge. Wollen die alle nach Rostock? Nein, es sind die täglichen Pendler, die außerhalb von Berlin ihren Arbeitsplatz haben. Der Zug ist gut besetzt. Ab Oranienburg dann doch eine gemütliche Weiterreise und erste Entspannung. Aber so ganz können wir uns noch nicht unserem Radabenteuer hingeben. Da ist noch der entscheidende Anschluss in Rostock, die Fähre 11:15 Uhr Rostock-Gedser. Pünktlich kommt der Zug in Rostock an. Das Umsteigen in die S-Bahn packen wir ohne Probleme, die 10 Minuten Übergangszeit sind mehr als ausreichend. Ab Lütten Klein fahren wir mit dem Bus zum Seehafen Rostock/Fährhafen. Dass die Busse Fahrräder befördern, ist für uns nicht alltäglich und so erkundigen wir uns zur Sicherheit bei zwei Busfahrern. Deren Reaktion – nicht sehr freundlich, das kann auch die norddeutsche Zurückhaltung nicht entschuldigen. Da hatten wir doch schon nettere Begegnungen mit den Rostockern.

Noch zwei Reisende mit Fahrrädern haben den gleichen Weg wie wir. Nach etwa 20 Minuten stehen wir auf dem riesigen Hafengelände, das Fährterminal Gedser in Sichtweite. Da müssen wir hin. Nicht so einfach, denn umfangreiche Absperrungen verwirren. Gudi informiert sich am „check-in" und tauscht unsere Internetbuchung gegen ein Fährticket ein. Wir mogeln uns durch die Absperrungen und fahren auf dem direkten Weg zum Terminal. Unterdessen haben sich auch Motorisierte eingefunden. Einige Motorräder stehen unmittelbar neben uns, hinter uns die Pkws und eine große Anzahl von Trucks. Von der Fähre ist nichts zu sehen. Die schippert, für uns noch nicht sichtbar, dem Hafen entgegen.

Dann endlich legt sie an und öffnet ihre Luken. Autos über Autos, riesige Trucks, wenige Motorradfahrer und ein paar Radfahrer verlassen die Fähre. Wir sind erstaunt, wie viele Fahrzeuge in dem Schiffsrumpf Platz haben. Dann wird die Fähre neu beladen. Wir, die Radfahrer, dürfen als erste auf das Schiff. Wir sind angewiesen, die Räder zu vertäuen. Die Gurte sind mehr für Motorräder ausgelegt. Irgendwie „wickeln" wir die Gurte um unsere Räder. Es sieht nicht besonders gekonnt aus, aber so wie wir sie festgezurrt haben, überstehen sie jeden Wellengang. In einem der Salons suchen wir uns ein ruhiges Plätzchen. Pünktlich 11:15 Uhr verlässt die Fähre den Hafen und stampft in Richtung Gedser. Als die

Silhouette von Rostock im Dunst verschwindet, wird es Zeit für einen Imbiss. Wir entscheiden uns für ein Smørebrød. Jetzt können wir durchatmen und beginnen, in den zu erwartenden Erlebnissen zu schwelgen. Nach etwa zwei Stunden legt die Fähre in Gedser an. Wir entknoten unsere Räder und verlassen als erste das Schiff.

Im Hafengelände lassen wir die Motorisierten an uns vorbeifahren. Auf eine Ortsbesichtigung von Gedser verzichten wir, die verschieben wir auf den Rückreisetag. Dänemark empfängt uns mit Sonnenschein und leichtem Wind. Das in Deutschland benutzte Logo für den Radweg Berlin-Kopenhagen wird in Dänemark durch die Nationalroute 9 ersetzt. Sie ist schnell gefunden. Los geht's!

Der Radweg führt an größeren und kleineren Bauernhöfen vorbei. Den ersten Ort, den wir nach Gedser tangieren, ist Gedesby Nyby. Bis Væggerlose verändert sich die Landschaft kaum. Sie ist leicht bis mittelmäßig hügelig. Der Wind weht uns aus nördlicher Richtung entgegen und ist nicht ohne. Bei unserer ersten Rast habe ich wieder mit meinem „Rucksack stehen lassen Problem" zu kämpfen. Aber der „Rucksackschutzengel" ist rechtzeitig zur Stelle und ich kann ohne irgendwelche Verluste die Tour fortsetzen.

Nach Væggerlose führt der Radweg unmittelbar am Guldborgsund entlang. Wir haben eine wunderbare Aussicht auf das Meer. Nach 29 Kilometern ist das Ziel der ersten Etappe Nykøbing erreicht. Wir fahren sofort zu unserer Unterkunft, dem Danhostel. Als wir ankommen, ist die Rezeption noch geschlossen. Bis 16:00 Uhr haben wir Zeit zum Verschnaufen. Das Ambiente im Foyer der Herberge strahlt Gemütlichkeit aus. Wir nutzen die kleine „Zwangspause", um uns vom Tourenstartstress zu erholen. Pünktlich 16:00 Uhr nehmen wir Bettwäsche und Handtücher in Empfang, buchen das Frühstück für morgen und erhalten eine Einweisung.

Das Zimmer ist nicht sehr groß, aber zweckmäßig eingerichtet. Ein Fernsehgerät ist auch vorhanden. Heute sehr wichtig, denn am Abend wird ein Fußballspiel übertragen. Den Übertragungskanal finden wir auch in dem dänisch-deutschen Sender-Wirrwarr und Gudi kann sich das Länderspiel Deutschland gegen Polen ansehen.

Nachdem das alles geklärt ist, steht Nykøbing-Ansehen auf unserem Programm. Es besteht auch ein gewisser Drang dazu, denn unser Vorrat an Dänischen Kronen beläuft sich gerade mal auf 90 DKK.

Nykøbing ist eine alte Kleinstadt am Guldborgsund und Hauptstadt von Falster. In der Stadt leben etwa 25.000 Einwohner. Der Ursprung des Ortes reicht bis ins 13. Jahrhundert zurück. Zahlreiche Fachwerkhäuser, alle gut erhalten, sind Zeugen vergangener Zeiten. Im Zarenhaus, ein reichlich verziertes Gebäude, soll 1697 Zar Peter der Große während seines Aufenthaltes im Schloss Nykøbing gespeist haben.

Einen Bankautomaten finden wir auch und schon halten wir jeder 1.000 DKK in unseren Händen. Im Kvickly Supermarkt tätigen wir unseren ersten Einkauf; ein paar Kleinigkeiten zum Abendbrot. Dann gehen wir zum Danhostel zurück. Unterwegs sehen wir zumindest noch den Eingang vom Zoo. Dann ist Abendessen. Wir ziehen es vor, in unserem Zimmer zu essen, obwohl im Hostel den Gästen eine große Küche mit Essplätzen zur Verfügung steht. Wir essen das Übriggebliebene vom Reiseproviant, ergänzt mit dem Kvickly-Einkauf. Noch schnell duschen und dann ist Fußballzeit. Ich kann an diesem Ereignis nicht teilnehmen, mir fallen die Augen zu.

Samstag, 5. September 2015

Ich habe gut geschlafen, Gudi mit Augenmaske und Ohrstöpsel bestimmt auch. Der Blick aus dem Fenster, es regnet. Aber ehe wir uns den Kopf über das Wetter zerbrechen, gehen wir erst einmal frühstücken. Der Frühstücksraum überrascht. Neben einem ansprechenden Angebot zieren brennende Kerzen den Raum und strahlen Behaglichkeit aus. Es sind wenige Gäste da. Dann rüsten wir für die Abreise. Wie es in Hostels üblich ist, ziehen wir die Betten ab. Als wir unsere Übernachtung bezahlen wollen, kann es sich Gudi nicht verkneifen, den Mann an der Rezeption mit dem gestrigen Fußballspiel zu konfrontieren; Deutschland gegen Polen (gewonnen). Und setzt noch einen drauf, dass Dänemark gegen Albanien nur remis gespielt hat.

Was sie nicht erwartet hat, der Mann ist unbeeindruckt. Er zeigt uns seinen stattlichen Fischfang von gestern auf dem Display seines Smartphones und dazu sein Kommentar, dass er sich nicht für Fußball interessiert. Gudi bleibt cool und würdigt ausgiebig seinen Fang. Nun wird das Wetter für uns interessant. Als wir die Fahrräder aus dem Unterstand holen, hat sich der Regen verzogen. Wir beeilen uns mit der Abfahrt.

Der Radweg führt durch Idestrup bis nach Ulslev in Richtung Osten. Landschaftlich eine Idylle; sanftes Hügelland, Waldstücke umgeben von abgeernteten Feldern. Hinter Ulslev fahren wir direkt am Meer entlang. Es geht wieder in Richtung Norden. Wir spüren es an dem aus nördlicher Richtung auffrischenden Wind, der allerhand Wolken vor sich her schiebt. Plötzlich sind wir „Zuschauer" eines Radrennens und jubeln dem riesigen Pulk von Radfahrern zu. So sehr uns dieses Rennen fasziniert, wir müssen weiter. Ein Blick zum Himmel, es sieht nach Regen aus. Buchenwälder bis unmittelbar ans Ufer reichend, säumen den Weg. Scharf zeichnet sich am Horizont die Berührung von Meer und Himmel ab. Auf einmal fängt es an zu regnen. Wir suchen nach einer Unterstellmöglichkeit; vergeblich. Viele Bäume, aber ihre Laubkronen können den einsetzenden Regen nicht abhalten. Wir halten an und suchen unter dem durchlässigen Laubdach etwas Schutz. Außerdem haben wir seit dem Frühstück nichts mehr gegessen, also Hunger. Der Regen wird immer stärker. Für solche Fälle haben wir uns extra noch vor der Tour Regenschuhe angeschafft. Die könnten jetzt ihren Einsatz haben, aber leider sind sie in unseren Gepäcktaschen tief unten verstaut. Keine Chance, bei dem Regen das Gepäck nach den Regenschuhen zu durchsuchen. Trotz des Regens versuchen wir, einen kleinen Snack zu uns zu nehmen. Zum Glück lässt der Schauer bald nach und wir können weiter. Trotz der Regencapes sind wir ganz schön nass geworden. Der Wind, der uns seit Gedser begleitet, bläst heute noch kräftiger und wir haben ihn von vorn. Aber landschaftlich ist die Gegend einmalig. Wir fahren durch eine der waldreichsten Gegenden Dänemarks.

Der Weg führt an Næsgard vorbei. Weithin sichtbar die Landwirtschaftsschule, die dem Ort einen Bekanntheitsgrad verleiht. Langsam trocknen unsere Sachen. Als wir Stubbekøbing erreichen, hat es aufgehört zu regnen.

Stubbekøbing liegt an der Nordküste von Falster und ist der älteste Ort der Insel. Wir fahren direkt zum Hafen. Dort lag früher die dänische Kriegsflotte. Der sich anschließende Fischereihafen hat ebenfalls an Bedeutung verloren. Seit der Eröffnung der Farø-Brücke wird Stubbekøbing mehr und mehr vom Durchgangsverkehr verschont. Heute haben nur noch die Autofähre nach Bogø und der Yachthafen Bedeutung für den Ort. Wir müssen mit der Fähre nach Bogø. Während wir uns ein wenig im Hafengelände umsehen, legt die Fähre ab. Nach Fahrplan müssten wir nun über eine Stunde auf die nächste warten, aber zu dieser Zeit scheint die Fähre ohne Fahrplan zu verkehren. Ohne längeren Aufenthalt im Hafen von Bogø kommt sie zurück und nach nur etwa 20 Minuten Wartezeit sind wir mit unseren Rädern auf der Fähre und ab geht es auf die Insel.

Bogø liegt zwischen Falster und Sjælland, ist etwa sieben Kilometer lang und drei Kilometer breit. In Bogø By leben etwa 800 Menschen, auf der gesamten Insel 1.000. Die Insel ist sehr hügelig und von größeren zusammenhängenden bewaldeten Flächen bedeckt.

Unsere Unterkunft liegt etwas außerhalb. Die hügelige Landschaft, der kräftige Wind, der uns entgegen bläst, wir müssen ganz schön in die Pedale treten. Kurz vor unserem Tagesziel überrascht uns ein weiterer Schauer. Weiterfahren ist zwecklos, Regensachen ebenso und so suchen wir unter einer großen Kastanie Schutz. Fast trocken erreichen wir Café Stalden, unsere heutige Unterkunft. Wir werden schon erwartet. Die Formalitäten sind schnell erledigt. Wir bewohnen eine Ferienwohnung und sind zur Zeit noch die einzigen Übernachtungsgäste.

Trotz Regenschauer und Wind von vorn haben wir die Etappe gut geschafft. Da muss eine Belohnung her. Kaffee und Kuchen, das Gedeck macht dem Namen „Café Stalden" alle Ehre. Nachdem wir die Sachen ausgepackt, uns etwas erfrischt haben, kurze Inspektion des Fernsehgerätes. Wie wird das Wetter?

Obwohl wir 42 Kilometer in den Beinen haben, gegen den Wind gefahren sind, zwei Schauer überstanden haben, wir sind neugierig, was die Insel so zu bieten hat. Empfohlen wird uns der kleine Hafen im Norden. Auf dem Weg dorthin spüren wir, wie stark der Wind an ungeschützten Stellen weht. Wir haben Mühe vorwärts zu kommen. Als wir den kleinen Hafen erreicht haben, können wir uns kaum auf den Beinen halten. Es ist ein netter besinnlicher Ort, aber der Wind und aufkommende Regenschauer drängen zurück zu gehen. Doch den Blick auf die Farø-Falster-Brücke lassen wir uns nicht entgehen. Ein gigantisches Bauwerk, es verbindet Falster mit Sjælland. Noch ehe es zu regnen beginnt, sind wir wieder in der Unterkunft.

Am Abend erleben wir, dass nicht nur Radfahrer im Café Stalden absteigen, sondern auch „sehr bedeutende Persönlichkeiten", deren Verkehrsmittel ein Hubschrauber ist, und von denen ein Teil die Nacht mit uns unter einem Dach verbringt. Der heutige Tag gegen den Wind hat uns ganz schön geschafft. Deshalb nach dem Abendessen nur noch die abendliche Toilette. Selbst für den morgigen Wetterbericht haben wir kein Interesse mehr. Wir sind müde, bettreif.

Sonntag, 6. September 2015

Ich werde vom Prasseln der Regentropfen auf das Dachfenster über meinem Kopf wach. An die 49 Kilometer, unsere heutige Etappe, wage ich im Moment nicht zu denken.

Noch bevor wir frühstücken, klären wir die wichtigste Frage des Tages – wie wird das Wetter? Der Wetterbericht bestätigt Regen und Wind aus Richtung Nord. Lange darüber zu sinnieren bringt nichts, wir müssen weiter. Unsere Sachen packen dauert nicht lange.

Das Frühstück ist kräftig und für Radler zusammengestellt. Währenddessen hat es aufgehört zu regnen, aber der Himmel ist mit Wolken verhangen. In Ruhe frühstücken oder etwas mehr beeilen und vor dem nächsten Schauer losfahren? Die Entscheidung fällt uns nicht leicht. Wir entschließen uns für den schnellen Aufbruch. Die regenfreie Zeit nutzen, um einigermaßen trocken unser Tagesziel Præsto zu erreichen, das ist die Herausforderung des Tages.

Als wir aufbrechen, ist der Himmel bedeckt. Über uns eine dicke Regenwolke, aber wir fahren los. Wir schaffen es gerade mal bis zum Fährhafen, als es zu regnen beginnt. Wo unterstellen? Am Fährhafen ist kein Gebäude, da ist nur der Anlegeplatz für die Fähre. Wir schaffen es gerade noch in ein Buswartehäuschen an der Straße. Auf der Straße ein reger Autoverkehr, obwohl Sonntag ist. Für „Unterhaltung" ist gesorgt. Fast eine Stunde harren wir in dem Wartehäuschen aus. Es ist nicht nur ungemütlich, es wird auch merklich kühl und feucht. Als sich erste Sonnenstrahlen zeigen und es nur noch tröpfelt, fahren wir weiter. Ein Regenbogen überspannt die Straße. Wir machen ihn zum Glücksbringer für die heutige Etappe. Ein zweiter Blick zum Himmel. In Wirklichkeit hat sich die Sonne nur ein Schlupfloch zwischen den Wolken gesucht. Es nützt nichts, wir müssen los. Mit einem Tempo bis zu 25 km/h fahren wir über den Damm, der von der Insel Bogø zur Insel Møn führt. Trotz des zu erwartenden Regens riskieren wir den einen oder anderen Blick auf das Meer. Eine Vielzahl von Wasservögeln schaukelt in dem vom Wind aufgepeitschten Wasser. Wir erreichen gerade noch Møn, als es erneut zu regnen beginnt. Unterstellmöglichkeiten gibt es nicht viele, aber es reicht, dass wir nicht nass werden. Kaum ist der Schauer vorbei, rauf auf die Räder und weiter.

Die Landschaft hat sich nicht wesentlich verändert, Bilderbuchlandschaft mit kleinen, durch Baumreihen geschützte Gehöfte, umgeben von Feldern. Wir fahren durch Store Damme. Kurz hinter Sprøve folgt der Radweg der Küste. Ab Kloster fahren wir auf einer Hauptstraße. Der Fahrzeugverkehr ist nicht das Problem, aber der starke Wind hat sich in der Nähe des Meeres zu einem passablen Sturm entwickelt. Wir einigen uns, wenn wir weniger als 5 km/h fahren, dann schieben wir die Räder. Kurz hinter Kloster ist es soweit. Wir schieben. Die Brücke – Dronning Alexandrines Bro (Königin Alexandrine Brücke) – verbindet die Insel Møn mit Kalvehave auf Sjælland. Die zwei Kilometer über die Brücke sind eine echte Herausforderung. Gudi schafft es trotz des Sturmes ein Foto zu machen. Ich halte mich an meinem Fahrrad fest, um nicht umgepustet zu werden.

In Kalvehave machen wir Pause. Picknick im Windschutz der Kirchhofmauer und das bei Sonnenschein. Von hier aus haben wir einen tollen Blick auf das Meer und das imposante Brückenbauwerk, das wir unter erschwerten Bedingungen überquert haben. Wir sind so von diesem Ausblick beeindruckt, dass wir die aufziehenden Regenwolken zu spät bemerken. Als Regenschutz bleiben nur zwei Kastanien, für jede eine. Der kräftige Wind sorgt dafür, dass der Schauer bald vorüber ist und wir können weiter. Wir kommen gar nicht dazu, auf die Räder zu steigen, keine Chance bei dem

Gegenwind und der bergigen Strecke. Ein Trost – wir haben schon die Hälfte unserer heutigen Etappe geschafft.

Das ständige Fahren gegen den Wind schlaucht ganz schön an der Kondi. Aber der Wind hat auch etwas Gutes, die Regenwolken haben sich verzogen. Eine Forstfläche mit Nadelbäumen lässt uns über die außergewöhnliche Zapfenpracht staunen. Zeit für ein Foto dieser eigenartigen Bäume.

Schließlich haben wir Præsto erreicht. Unser heutiges Quartier ist der Gasthof Kirsebærkroen – wir müssen etwas länger suchen. Grund dafür ist, dass Kirsebærkroen nur noch Unterkünfte vermietet und die Gaststätte geschlossen ist. Wir werden freundlich in unserer Muttersprache empfangen. Übernachten werden wir in einer Ferienwohnung. Alles ist sehr nett eingerichtet. Ein Tee und Äpfel von einem Baum im Hof füllen das Vitamindepot wieder auf. So sind die Strapazen des Tages schnell vergessen und ein abendlicher Spaziergang zum Strand ist allemal noch drin.

Montag, 7. September 2015

Gut geschlafen! Und Sonnenschein am Morgen. Auch der Wind hat nachgelassen, kommt aber immer noch aus nördlicher Richtung. Das Frühstück ist gut. Wir halten uns nicht mehr lange auf, das schöne Wetter lockt uns auf die Piste. Der Radweg führt durch die City von Præsto. Und so ist unser Abschied noch mit einer kleinen Besichtigungstour verbunden. Præsto ist ein kleiner Ort. Entlang der Hauptstraße hängen Blumenampeln an Masten, kleine Geschäfte, zu dieser Zeit noch nicht geöffnet, vermitteln das Gefühl eines lebendigen und sauberen Städtchens. Beschauliches und idyllisches Dänemark. Am Ortsausgang haben die Supermärkte ihren Platz gefunden, für uns die Möglichkeit, unsere Vorräte aufzufüllen. Der Einkauf ist schnell getätigt. Länger dauert das Wiederfinden von Gudis Tacho, den sie bei einem menschlichen Bedürfnis im Busch verloren hat. Die Suchaktion ist erfolgreich und so fahren wir komplett wieder auf der Route 9, unserem Weg.

Hinter Præsto eine Landschaft, die Ruhe und Besinnlichkeit ausstrahlt, kleine Dörfer und einzeln stehende Gehöfte. Der Radweg führt unmittelbar am Meer entlang; herbstlich warme Sonne, an den Gegenwind haben wir uns unterdessen gewöhnt. Fast gemütlich radeln wir unserem Tagesziel Rødvig entgegen.

In Fakse Ladeplads machen wir Pause. Am Strand noch einige Urlauber mit ihren Hunden, denn in der Vor- und Nachsaison dürfen Mensch und Hund gemeinsam den Strand benutzen.

Das Kloster in Vemmetofte ist nicht zu übersehen, wir halten nicht an. Bald haben wir Højstrup erreicht. Der Campingplatz liegt vor den Toren Rødvigs direkt am Radweg. Die Anmeldung ist problemlos, er ist nur mäßig belegt, es ist Nachsaison. Für eine Nacht sind wir Besitzer eines „Hauses". Bei der Bestellung des Frühstücks können wir zwischen verschiedenen Brötchensorten wählen, dazu gibt es Butter, Marmelade, Honig und Kaffee oder Tee. Das Ganze ist am Morgen in der Rezeption abzuholen.

Das Häuschen ist sehr gemütlich. Alles, was man benötigt, ist vorhanden. Nur Waschen und Toilettengang sind etwas beschwerlich, denn der Sanitärbereich befindet sich in zentraler Lage auf dem Platz. Für uns sind das ca. 300 Meter zu laufen. Wir laden das Gepäck ab, packen das Nötigste aus. Ein selbst gebrühter Kaffee macht uns wieder fit, weckt die Lebensgeister und unsere Bereitschaft für einen Spaziergang nach Rødvig.

Ein Weg durch eine Ferienhaussiedlung und wir sind am Meer. Hoch über der Küste wandern wir auf einem Pfad in Richtung Rødvig. Der Blick auf das Meer ist toll. Kaum Wellen und viele Segelboote in Küstennähe. Wo ist der Wind? Noch bevor wir Rødvig erreicht haben, führt der Weg steil in Richtung Strand. Rødvig liegt an der Südküste von Sjælland. Die Stadt ist nicht groß, nur etwa 1.700 Einwohner leben hier, aber einen Købmand und Dagli Brugsen gibt es. Außerdem beherbergt der Ort ein Schiffsmotorenmuseum. Beeindruckend ist das Wahrzeichen der Stadt, der Feuersteinofen unmittelbar am Hafen. Früher wurde der an der Küste abgebaute Kalk- und Feuerstein von hier aus verschifft.

Bevor es dunkel wird, sind wir wieder in unserem Häuschen. Zeit für Abendbrot, das wir heute mit dänischem Räucherfisch und einem großen Obstteller ergänzen. Noch ein „Abendspaziergang" zum Sanitärgebäude und dann ab ins Bett; für morgen Kraft erschlafen.

Dienstag, 8. September 2015

Am Morgen Sonnenschein, aber es ist schon herbstlich kühl. Als ich von der Morgentoilette zurückkomme, hat Gudi bereits das reichlich und leckere Frühstück serviert. Heute lassen wir es ruhig angehen. Nachdem wir ausgiebig gefrühstückt haben, werden die Formalitäten erledigt. Als wir auf die Räder steigen und losfahren wollen, ist er wieder da und bläst uns kräftig ins Gesicht. Die Gehöfte mit ihren sie umgebenden Baum- und Strauchpflanzungen bieten ein wenig Schutz vor dem starken Seitenwind. Es dauert nicht lange und wir haben Højerup erreicht.

Ein kleiner Abstecher führt uns an die Steilküste, Stevns Klint. Unmittelbar an der Küste steht eine alte Kirche, eigentlich ist es nur noch ein Teil von ihr. 1928 stürzten der Altar und der Friedhof ins Meer. Wind und Wasser trugen das Land bis zur Kirche ab und so kam es zu dem Absturz. Der verbliebene Teil wurde gesichert und steht heute unter Denkmalschutz. Landeinwärts wurde eine Kirche und ein Friedhof neu angelegt. Auch die mehr als 40 Meter hohe Steilküste wurde gesichert. Leitern führen zum Strand und auf einem mehrere Kilometer langen unbefestigtem Pfad kann man wandern. Wir besichtigen die Reste der alten Kirche mit dem nach dem Absturz geretteten Altar. Ein Blick durch das Fenster der Kirchenruine auf das Meer macht unseren Besuch zu einem unvergesslichem Erlebnis. Wir fahren zurück auf den Radweg und erreichen nach etwa 1,5 Kilometern Stevns Fyr mit dem alten und neuen Leuchtturm. Der alte Leuchtturm, unmittelbar am Giebel des Leuchtturmwärterhauses angebaut, ist nicht mehr in Betrieb. Die Zeichen für die Seefahrt sendet heute der neue unmittelbar an der Küste stehende. Im ehemaligen Leuchtturmwärterhaus informiert eine Ausstellung über die Geschichte des Leuchtturms. Das Gebiet ist gleichzeitig im Frühjahr und Herbst ein bedeutender Punkt der Vogelfluglinien.

Der Blick von der Steilküste ist atemberaubend. Durch ein Fernrohr, welches übrigens kostenfrei zu benutzen ist, verstärkt sich dieses landschaftlich einzigartige Panoramabild. In nördlicher Richtung zum Greifen nah Kopenhagen und Malmö. Für uns sind es noch 2 ½ Tagesetappen bis Kopenhagen.

Der Wind weht kräftig vom Meer her. Wir fahren los, zurück auf Route 9. Auf den Feldern sind die Landwirte dabei, die abgeernteten Felder umzubrechen. Ihnen folgt eine Schar hungriger Möwen. Es wird Herbst.

Nach weiteren fünf Kilometern passieren wir einen Kreideabbau. Kurz danach führt der Radweg ins Landesinnere. Gjorslev ist unsere nächste Station. Das Schloss dominiert den Ort. Es ist die älteste mittelalterliche Burg Dänemarks, wurde später Schloss und befindet sich heute in Privatbesitz. Für die Öffentlichkeit ist dieses prächtige Gebäude nicht zugänglich. Aber der Schlosspark ist für jedermann offen. Wir nehmen die Einladung an und verbringen unsere Mittagspause in dieser herrlichen Anlage. Noch etwas ausruhen und dann fahren wir weiter in Richtung Køge. Die Route weicht von der im Tourenheft beschriebenen ab, ist aber gut ausgeschildert. Grund sind umfangreiche Straßen- und Wegebaumaßnahmen. Über Strøby erreichen wir kurz vor Strøby Egede wieder die Route 9. Nach 45 Kilometern sind wir in Køge. Die Orientierung ist nicht ganz einfach, denn auch innerhalb der Stadt Straßenbaumaßnahmen.

Køge mit etwa 60.000 Einwohner ist eine Hafen- und Handelsstadt auf Sjælland. Bereits 1288 erhielt Køge Stadtrecht. Die Stadt mit ihrem historischen Stadtkern und den Fachwerkhäusern aus dem 16. und 17. Jahrhundert und dem prächtigen Marktplatz gehört zu den besterhaltenen Mittelalterstädten Dänemarks.

Zeit für einen Stadtbummel. Am Marktplatz mit dem Standbild Frederiks VII und zwei einladenden modernen Cafés parken wir unsere Fahrräder. Dänischer Gulerodkage (Möhrenkuchen) und Kaffee, in der Sonne sitzend und kaum Wind spürend genießen – herrlich. Als wir weiter wollen, bemerke ich, dass ich meinen Tacho verloren haben. Die Tour ohne Tacho beenden, nicht mehr wissen, wie schnell ich fahre und wie lang die Tagesetappen sind – geht nicht. Ein neuer muss her. Auf dem Weg zum Danhostel, unserer Unterkunft in Køge, bekomme ich bei einem Fahrradhändler einen neuen. Sein Preis ist astronomisch, der Service inbegriffen.

Der Empfang im Danhostel ist überaus freundlich. Dann das Übliche: Einweisung, Bettwäsche in Empfang nehmen ... Das Zimmer ist nicht besonders geräumig, dafür gibt es toll eingerichtete Gemeinschaftsräume. Wir werden auf dem Zimmer essen. Es gibt Einheimisches – dänische Tomaten und Gurken.

Nach der Stärkung sind wir wieder fit, so dass wir uns zumindest die nähere Umgebung ansehen. Es gibt vieles zu entdecken. Alles Geschichtsträchtige, alte Eichen, Hügelgräber usw., ist mit Schrifttafeln, die über vergangene Zeiten informieren, versehen. Toll. 22:00 Uhr liegen wir in den Betten.

Mittwoch, 9. September 2015

Die Nacht haben wir gut überstanden, Es ist wenig Betrieb im Hostel. Die Gemeinschaftsduschen und -toiletten haben wir fast für uns alleine.

Das Frühstück ist reichlich. Für jeden ist etwas dabei. Auf dem Frühstücksbuffet und den Tischen brennen Kerzen. Ein schöner Tagesbeginn.

Heute führt uns unsere letzte Etappe von Køge nach Hundige. Ab Hundige werden wir mit der S-Bahn nach Kopenhagen fahren. So wird es im Tourenbuch empfohlen und so haben wir es für uns entschieden.

Auch heute weicht die Route wesentlich von der ursprünglichen Streckenführung ab. Wir vermuten, dass auch dafür Bauarbeiten der Grund sind.

Wie könnte es anders sein, es weht eine steife Brise und hügelig ist es auch. Irgendwie haben wir uns nach fast einer Woche daran gewöhnt und so strampeln wir Kilometer um

Kilometer in Richtung Hundige, immer gegen den Wind. Die Landschaft ist offen und bietet einen weiten Blick über das Land. Kurz vor Hundige kommen wir an einem riesigen Shoppingcenter „Wave" vorbei. Wie gut, dass es vor der Stadt steht. Bald darauf haben wir die S-Bahn Station Hundige erreicht. Das Lösen der Tickets macht keine Probleme. Die Mitnahme von Fahrrädern in der Bahn ist hervorragend geregelt. Eine Tür zum Ein- und eine zum Aussteigen je Waggon. Und im Waggon Fahrradständer. Alles sehr praktisch und nachahmenswert.

Nach 26 Minuten Fahrzeit haben wir Kopenhagen Hauptbahnhof erreicht. Bis wir die Hotelzimmer beziehen können ist noch Zeit, die wir nutzen, um für den morgigen Tag die Fahrradtickets für unsere Fahrt von Kopenhagen nach Nykøbing zu kaufen. Am Automaten klappt das nicht so richtig, also anstellen und mit Nummer auf die Bedienung am Schalter warten.

Nun ins Hotel. Lange suchen brauchen wir nicht, denn es befindet sich in Bahnhofsnähe. City Hotel „Nebo", hier haben wir unsere letzte Übernachtung in Dänemark gebucht. Am Eingang ein Schild – ausgebucht. Das muss ein tolles Hotel sein, wenn es sich so großer Beliebtheit erfreut. Nachdem wir die Schließkarte für das Zimmer in Empfang genommen haben und mit dem Gepäck nach oben wollen, eine erste Hürde: Nur ein Fahrstuhl und der wird noch vom Reinigungspersonal blockiert. Also schleppen wir das Gepäck über die Treppe nach oben. Spätestens als wir im Zimmer stehen, werden wir unsicher, ob wir auch wirklich in diesem

Hotel gebucht haben. Im Internet sah das alles irgendwie anders aus. Na gut, es ist ja nur für eine Nacht. Als wir die Sachen abgestellt haben, wird uns zum ersten mal so richtig bewusst – wir haben den letzten Teil des Radweges geschafft, wir sind in Kopenhagen, in der Landessprache København.

Alles was morgen kommt ist Zugabe. Obwohl wir beide schon in Kopenhagen waren, so eine große Stadt kennenzulernen, dazu braucht man Zeit. Der Reiseführer empfiehlt den Besuch von Nyhavn. Schnell noch etwas frisch machen und dann geht es los. Aber ehe man in Nyhavn ist, bekommt man eine Menge von Kopenhagen zu sehen. Während wir uns noch mit einigen statistischen Details und dem Stadtplan beschäftigen, tobt um uns bereits die Großstadt.

Kopenhagen ist eine der bedeutendsten Metropolen Nordeuropas. Etwa 580.000 Einwohner leben in der City, im gesamten Gebiet Kopenhagen sind es 1,3 Millionen.

1043 wurde die Stadt erstmals erwähnt, ist seit 1416 die Hauptstadt Dänemarks und Sitz der dänischen Königsfamilie. Das Stadtgebiet verteilt sich über mehrere Inseln und liegt an der Ostküste im Norden Sjællands. Wir kommen am Tivoli, einem der ältesten Freizeitparks der Welt, der Baustelle der Oper und dem im Stil der italienischen und normannischen Renaissance erbauten Rathaus vorbei. In Christiansborg, heute Sitz des dänischen Parlamentes, verweilen wir etwas länger. Was uns jedoch am meisten beeindruckt, ist der Fahrradverkehr und der Respekt der einzelnen Verkehrsteilnehmer untereinander. Das Fahrrad ist das wichtigste Verkehrsmittel der Stadt. Etwa 36 % des Gesamtverkehrsaufkommens der Stadt ist Radverkehr. Täglich werden in Kopenhagen 1,3 Millionen Kilometer mit dem Fahrrad zurückgelegt. Spätestens jetzt bekommt der Hinweis im Tourenheft, ab Hundige die S-Bahn zu benutzen, einen Sinn.

In einem kleinen Café probieren wir den typisch dänischen Gulerodkage und trinken einen Kaffee. Die Lebensgeister sind wieder wach und nun geht es nach Nyhavn.

Nyhavn ist der zentrale Hafen in Kopenhagen. Durch einen Stichkanal wurde eine Verbindung vom Hafen zum Platz „Kongens Nytorv" gebaut. Zu beiden Seiten des etwa 400 Meter langen Stichkanals entstanden im 18. und 19. Jahrhundert farbenfrohe Giebelhäuser, in denen Restaurants mit eigenem Flair die Besucher der Stadt zum Verweilen einladen.

Gegen halb sieben beenden wir unseren Stadtrundgang. Der Abschluss der Tour ist eigentlich ein Grund zum Feiern. Aber wir sind noch zu sehr mit unseren Gedanken bei den Erlebnissen der letzten Tage – es fällt uns nichts Passendes ein. Wir verschieben die Feier auf Berlin. Highlight für heute Abend eine Flasche Bier (eine für beide) aus der königlichen Hofbrauerei. Gegen 8:00 Uhr sind wir bettfertig.

Die Hektik der Großstadt hat uns wieder. Nach einer Woche radeln weitab vom Verkehr ahnen wir, was uns in Berlin erwartet.

Donnerstag, 10. September 2015

Die Nacht im „Nebo"! Teenies haben den Flur für ihre Unterhaltung in Beschlag genommen. Ich bin ob der Beeinträchtigung meiner Nachtruhe auf die Teenies sauer. Gudi ist sauer auf mich, weil ich sie geweckt habe, als ich für Ruhe auf dem Flur sorgen wollte, da sie mit ihrer nächtlichen Verkleidung nichts gehört hatte.

Morgentoilette erledigen wir an unterschiedlichen Orten; Gudi benutzt die Gemeinschaftsanlagen, ich begnüge mich mit dem Handwaschbecken im Zimmer.

Gegen 7:30 Uhr gehen wir zum Frühstück. Wir sind etwas enttäuscht. Die Hostels und anderen Unterkünfte hatten uns zu sehr verwöhnt.

Dann wird es Zeit, auf den Bahnhof zu gehen. Große Geschäftigkeit, aber wir finden den Bahnsteig für unsere Abfahrt nach Nykøbing sofort. Die Zugfahrt dauert ca. zwei Stunden.

Erste Gedanken zu unserer Tour kommen auf. Aber noch fasziniert uns die beeindruckende Landschaft, die wir nun in einem anderen Tempo an uns vorbei ziehen sehen. In der Ferne sehen wir noch einmal die Farø-Brücke. Was können die Dänen für Brücken bauen!

Gegen 10:00 Uhr haben wir Nykøbing erreicht. Noch einmal bummeln wir durch die Innenstadt. Im Kvickly kaufen wir Kuchen für eine letzte Rast auf den Weg nach Gedser. Aber ewig können wir uns nicht mehr aufhalten, irgendwann kommen wir in den Zeitplan, mit dem wir die Fähre in Gedser erreichen. Die letzten 29 Kilometer wollen wir gemütlich angehen. Und noch etwas. Heute wird uns nach fast einer Woche Fahrradfahren gegen den Wind ein kräftiger Rückenwind schieben. Es ist eine Täuschung. Der Wind hat gedreht und bläst uns spürbar entgegen. Aber die Sonne scheint und kaum Wolken am Himmel. Auf halber Strecke ein Rastplatz. Wir halten an, essen den Kuchen und naschen Brombeeren und Pflaumen von den Bäumen und Büschen hinter dem Rastplatz. Ein Blick in die Ferne, man kann nicht genug von dieser Landschaft bekommen, in einiger Entfernung ein Gehöft, wie wir sie in den letzten Tagen oft gesehen haben. Neben dem Gebäude ein Fahnenmast und daran weht der Dannebrog. Der Dannebrog ist die Flagge Dänemarks und überhaupt eine der ältesten Flaggen der Welt. Der Name bedeutet so viel wie dänisches Tuch. Der Dannebrogwimpel wird bei fast allen festlichen, familiären und offiziellen Anlässen gehisst; eigentlich immer. Wichtig ist nur, dass er mindestens die halbe Länge das Fahnenmastes hat.

Wir rollen weiter in Richtung Gedser.

Gedser ist ein kleiner Ort mit ca. 800 Einwohnern. Kleine einstöckige Häuser säumen die Straße. Die Kirche hebt sich deutlich von der Bebauung ab. Aber alles ist sauber und in einem guten Zustand.

Der Hafen hat große Bedeutung für den Fährverkehr mit Deutschland und Skandinavien. Bis 1995 war Gedser der Ausgangspunkt der Eisenbahnfährlinie Gedser – Warnemünde. Im gleichen Jahr wurde auch die Bahnlinie Nykøbing – Gedser eingestellt und durch Buslinien ersetzt. Ungefähr eine Stunde vor dem Ablegen der Fähre haben wir unser Ziel erreicht. Was wir noch brauchen, ist das Ticket für die Überfahrt. Der Automat streikt und verweist auf den Erwerb auf der Fähre.

Die Fähre ist noch nicht zu sehen und so bleibt Zeit für eine Einkehr. In einem kleinen Café genießen wir zum letzten Mal dänisches Flair und Gastfreundschaft; extra nur für uns eine Kanne frisch gebrühter Kaffee.

Es wird Zeit, auf den Bereitstellungsplatz zu fahren. Einige Fahrrad- und Motorradfahrer haben sich schon eingefunden, auch Fußgänger. Die Autos stehen weiter entfernt auf einem anderen Stellplatz. Wir staunen über die vielen Trucks, die aufs Festland wollen. Inseln müssen eben mit allem was benötigt wird vom Festland aus versorgt werden. Die Fähre KRONPRINS FREDERIK von Scandlines hat fast unbemerkt im Hafen angelegt. Eine lange Fahrzeugkolonne, Pkws und große Laster, fahren aus dem Schiffsrumpf. Dann wird die Fähre für ihre Fahrt nach Rostock beladen. Wir, die Radfahrer und die Motorradfahrer, dürfen wieder zuerst aufs Schiff. Dann folgen die Autos und Trucks. Während wir noch dabei sind, die Räder sturmsicher zu vertäuen, übrigens sie hängen genau so unprofessionell in den Gurten wie bei der Überfahrt von Rostock nach Gedser, haben wir nicht gemerkt, wie sich der Laderaum gefüllt hat. Die Fahrzeuge stehen so eng beieinander, dass wir wir uns an den Trucks vorbei schlängeln müssen, um aufs Deck zu kommen. Die Ausfahrt aus dem Hafen sehen wir uns an Deck an. Schließlich finden wir ein ruhiges Plätzchen in einem der Salons. Wir sind auf den Weg nach Rostock.

Es ist alles, wie wir es geplant hatten, glatt gegangen. Es war eine Tour gegen den Wind und die nicht enden wollenden Hügel und Berge. Wir haben viel gesehen und eine Woche weitab vom großstädtischen Stress eine beeindruckend schöne dänische Landschaft erlebt.

Wir sind den Radweg Berlin–Kopenhagen auf unsere Art gefahren.

Auf nach Dänemark ...

Start im Fährhafen Rostock

Die Räder müssen sturmsicher vertäut werden.

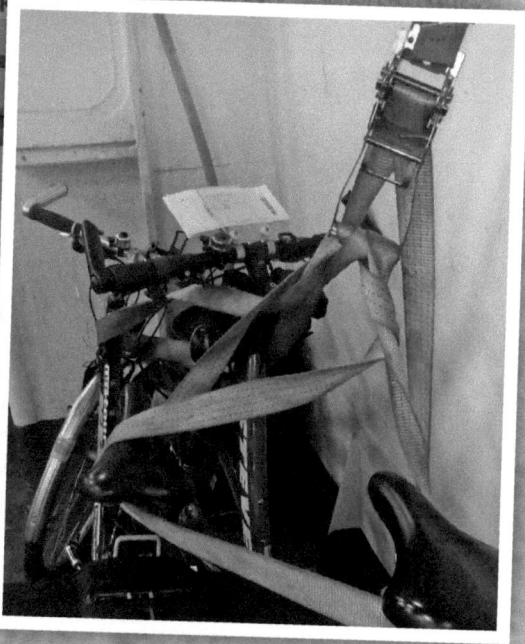

Ab Gedser auf der Route 9 in Richtung Kopenhagen

Fähre von Stubbekøbing nach Bogø

Königin Alexandrine Brücke im Regen

Blick in Richtung Rødvig

Augen für die Landschaft

Reste der abgestürzten Kirche in Højerup

alter und neuer Leuchtturm in Stevns Fyr

Rast im Park vom Schloss Gjorslev

Nyhavn ist für alle Kopenhagen-Besucher ein Muss

Wir können auch anders

Wandern im Hainich

Gudi und ich beschlossen, die Fahrräder im Keller zu lassen und per pedes etwas für die Kondi zu tun. In der Wanderliteratur fanden wir Folgendes: „Das Hainichland mit dem Nationalpark Hainich liegt im Naturpark Eichsfeld-Hainich-Werratal und bietet ein wahres Paradies für Wanderer." Dieses Paradies wollten wir kennenlernen.

Alistair, ein Freund aus London, dem wir im Sommer bei seinem Berlinbesuch von unserem Vorhaben erzählt hatten, zeigte großes Interesse mit uns zu wandern.

Im Vorfeld gab es einiges zu erledigen. Die Lokführer lagen im Clinch mit ihren Arbeitgebern. Das bedeutete, dass wir unsere Anreise unabhängig von der Deutschen Bahn planen mussten. Ebenso mussten die Wanderrouten festgelegt und die Übernachtungen gebucht werden..

Bald stand fest, dass wir mit der Fernbuslinie „ADAC-Post" von Berlin bis Erfurt reisen. In Ermangelung eines Anschlusses zu unserer ersten Unterkunft in Kammerforst organisierten wir einen „privaten Fahrdienst".

Alistair kam pünktlich von London eingeflogen und so konnte unser „Unternehmen Hainich" wie geplant am 10. Oktober beginnen.

Freitag, 10. Oktober 2014

Die Busreise ist kurzweilig, der Fahrkomfort akzeptabel und so erreichen wir nach kurzen Stopps in Schkeuditz und Jena gut gelaunt gegen 17:30 Uhr Erfurt. Der „private Fahrdienst" erwartet uns schon. Noch vorm Dunkelwerden sind wir in Kammerforst. Im Hotel „Brauner Hirsch" haben wir zwei Übernachtungen, 2x2 Betten in der Scheune, gebucht.

Für eine Ortsbesichtigung ist es zu dunkel, für ein Abendessen im Restaurant fühlen wir uns zu kaputt. Einen Tag lang gefahren werden macht auch müde. Die Zimmer in Beschlag nehmen ist deshalb das Wichtigste. Die Scheune hat ihren Namen nur aus früherer Zeit behalten, denn unsere Unterkunft ist sehr geräumig und auch nett eingerichtet. Drei Personen und vier Betten, das geht. Und so weisen wir Alistair in die obere Etage unterm Dach ein. Ob seiner Größe und der etwas schmalen Stiege nicht ganz fair von uns. Widerspruch von seiner Seite gibt es nicht, also ist alles perfekt. Nachdem die Betten verteilt sind, meldet sich der Hunger. Unsere Rucksäcke geben allerhand Essbares her. In meinem, dem größten, befinden sich nicht nur persönliche Sachen. Da ist auch noch Platz für einen Wasserkocher.

Nach dem Abendessen und dem Genuss eines aufgebrühten Tees dauert es nicht lange und wir liegen in den Betten. Morgen ist unser erster Wandertag.

Samstag 11. Oktober 2014

Wir haben gut geschlafen und das Aufstehen fällt keinem von uns schwer. Noch ehe wir zum Frühstück gehen, ein Blick aus dem Fenster – Regen. Seit unserer Radtour von Rostock in Richtung Süden haben wir die Wetterdiskussion aus unseren Gesprächsthemen gestrichen. Viel wichtiger ist die Frage: Was gibt es zum Frühstück?

Auf dem Weg zum Frühstücksraum steht Gudi vor mir, dreht sich wie ein Model und verkündet: „Ich bin heute sportlich gekleidet – ganz in Tchibo." Sie sieht wirklich sehr sportlich aus. Es bleibt nur zu hoffen, dass sich das Aussehen in Beweglichkeit und Belastbarkeit umwandelt. Nach einem ausgiebigen Frühstück ist es Zeit, dass wir aufbrechen.

Unsere erste Wanderung führt von Kammerforst nach Weberstedt und zurück. In Weberstedt, so haben wir in einem Prospekt gelesen, gibt es ein Trabant-Museum. Das wollen wir besichtigen. Und man kann einen Trabi ausleihen. Verrückt, nach so vielen Jahren noch einmal das Fahrgefühl dieses Autos erleben zu können. Als wir aufbrechen, regnet es noch immer. Es ist ein feiner durchdringender Nieselregen. Aber Weberstedt hat eine ungemeine Anziehungskraft. So ist das mit der Nostalgie.

Eingepackt in unsere Regenbekleidung machen wir uns auf den Weg. Den Ortsausgang von Kammerforst haben wir noch nicht erreicht, als wir staunend und voller Entdeckerfreude einen Waschbären mitten auf der Straße sitzen sehen. Toll was uns die Natur am frühen Morgen bietet. Wir machen Alistair auf das Tier aufmerksam. Waschbär, wie übersetzt man das? Viel Zeit in unserem Vokabelrepertoire zu kramen, ist nicht. Und so übersetzen wir Waschbär einfach mit „wash bear". Alistair nickt, also hat er verstanden, was wir ihm sagen wollten. Oder?

Die Freude, diesem wilde Tier so nahe zu sein, hält nicht lange an. Wir sind ihm nun schon so nahe, wo gewöhnlich Wildtiere weglaufen. Dieser Waschbär flüchtet nicht. Er ist nicht scheu, eher aufdringlich, denn er rührt sich nicht vom Fleck. Es hat den Anschein, dass er die Straße unter seine Kontrolle genommen hat. Auch nach einem kräftigen „Tschschsch" und umher schwenken der Rucksäcke ist er nicht bereit, die Straße freizugeben. Im Gegenteil, er kommt uns entgegen. Die ganze Sache wird langsam unheimlich und wir treten den Rückzug an. Aber irgendwie müssen wir an ihm vorbei, denn wir wollen nach Weberstedt, Trabi fahren. Als er endlich sein Interesse für uns verliert und sich über eine Pferdekoppel trollt, legen wir einen kleinen Morgenlauf ein. Ziemlich außer Atem erreichen wir den Waldrand und unseren Wanderweg, den Waagebalkenweg. Am Waldrand angekommen verschnaufen wir kurz. Ich nutze die Gelegenheit, im Wörterbuch doch noch mal nach dem Waschbären zu schauen. Und da lese ich Waschbär – racoon. Wir klären Alistair auf; seine Reaktion ein Kopfnicken – übersetzt: „ach so?"

Dann wandern wir endlich los. Der Waagebalkenweg ist ein über 40 Kilometer langer historischer Fernweg, der sich an der Ostseite des Hainichs entlangschlängelt. Ein herrlicher Weg durch den riesigen Buchenbestand. Übrigens, der Hainich ist das größte zusammenhängende Laubwaldgebiet Deutschlands. Riesige Rotbuchen, niederes Buschwerk und schmale Wege, bedeckt mit Buchenlaub, ein Urwald mitten in Deutschland, bringen uns zum Staunen.

Der Regen hat immer noch nicht aufgehört. Der Waldboden federt wie ein nasser Schwamm unter unseren Schritten. Etwa zwei Kilometer vor Weberstedt verlassen wir den Waagebalkenweg und wandern die restliche Strecke bis zu unserem Ziel auf dem Hainich-Radweg. Die Landschaft ist offener und bietet einen Kontrast zu dem dichten Buchenwald. Noch ist das Gras grün und vereinzelt setzen Herbstblüher ihre Farbtupfen in die Landschaft. Als sich die ersten Dächer von Weberstedt in der Ferne abzeichnen, weicht alle Romantik vor dem Ereignis welches uns hier erwartet.

Weberstedt ein kleiner Ort mit weniger als 600 Einwohnern und liegt am Westrand des Nationalparks. Das Trabi-Paradies, die exotischste Ausstellung der Autolegende, hat den Ort bekannt gemacht. Das erste, was wir auf dem Hof des Museums sehen, ist ein Trabant. Das muss er sein, mit dem wir in wenigen Minuten durch die Landschaft fahren werden. Die Formalitäten sind schnell erledigt, dann geht es los. Ich bin die Erste, die den ehemals geliebten vom Hof fährt. Gudi übernimmt die Rückfahrt. So ist es vereinbart. Zündschlüssel rein, starten und los geht es. Es ist als habe ich das Auto erst gestern Abend abgestellt. Für Alistair wird die Fahrt im Trabant zu einer Herausforderung: wie falte ich meinen Körper, dass er in diesen Kleinwagen passt.

Bequem ist es für ihn nicht, dafür aber sicher ein unvergessliches Erlebnis. Wir fahren mit „unserem" Trabi nach Bad Langensalza.

Bad Langensalza war früher eine der sehr wohlhabenden Waidstädte. Fünf gab es im mittelalterlichen und frühneuzeitlichen Thüringen. Sie hatten das Recht, auf ihren Märkten mit Färberwaid zu handeln, einer Pflanzengattung zum Blaufärben. Große Kirchen und eine noch heute erhaltene und gut restaurierte Altstadt sind Zeugen aus der Zeit. Die Stadt trägt auch den Beinamen Kur- und Rosenstadt. Etwa 18.000 Menschen haben neben vielen Kurgästen hier ihr Zuhause.

Viel Zeit, die Stadt ausgiebig zu erkunden, haben wir nicht. Aber das Stadtzentrum mit seinem architektonischen Kleinod, das barocke Rathaus mit seinem gotischen Turm, die Sankt Bonifatius Kirche und die gut restaurierten Bürgerhäuser sehen wir uns an. Dass die Stadt noch viel mehr zu bieten hat, kann man erahnen. Für uns bleibt leider nicht mehr Zeit. Der Trabi muss zurück in sein Museum.

Wie vereinbart übernimmt Gudi die Rückfahrt. Ohne nennenswerte Vorkommnisse, außer dass die Fahrertür klemmt. Wir sind sehr bewegt von der Fahrt in die Vergangenheit, was das Fahrzeug betrifft und parken wieder auf dem Museumshof in Weberstedt.

Ein dem Museum angeschlossenes Café bietet eine reiche Auswahl an Kuchen an. Dem können wir nicht widerstehen. Nach der Stärkung besichtigen wir das Museum. Trabis, deren Ausführung es nie gegeben hat bestimmen die Ausstellung. Schade, wir hätten uns gern die einzelnen tatsächlich gebauten Typen noch einmal angeschaut.

Es ist schon spät am Nachmittag als wir uns in Richtung Kammerforst auf den Weg machen. Für die Rücktour entscheiden wir uns, auf dem Hainich-Radweg zu wandern. Wir sind noch nicht richtig im Tritt, als uns eine der für Erholungsgebiete typischen Elektrobahnen einholt. Hier im Hainich trägt sie den vielversprechenden Namen – „road train tschu tschu".

Gegen einen geringen Obolus ist der Fahrer überredet, uns bis Kammerforst mitzunehmen. Während der Fahrt erzählt er uns viel Interessantes über Land und Leute. Früher als geplant sind wir wieder im Hotel; Zeit für eine Ortsbesichtigung.

Kammerforst ist eine der Nationalparkgemeinden, südlich von Mühlhausen und südwestlich von Bad Langensalza gelegen. Nur etwa 1.000 Menschen leben hier. Der Ort zwei lange Straßen, gepflegte Häuser und Ausgangspunkt für viele Wanderungen in den Hainich.

Den ganzen Tag an der frischen Luft, die herrliche Natur, der „Kampf" mit dem Waschbären und das Trabi-Erlebnis haben uns ganz schön geschafft. Abendbrot gibt es in der Scheune, denn unsere Vorräte reichen auch heute noch für ein üppiges Mahl und außerdem muss der Wasserkocher seine Teilnahme an unserer Wandertour bestätigen. Das weitere Abendprogramm bestimmt der Fußball; Deutschland gegen Polen. Gudi ist voller Spannung auf das, was in in nächsten zwei Stunden an fußballerischen Leistungen gezeigt wird, Alistair zeigt anstandshalber Interesse. Ich? Ich habe das Spiel verschlafen.

Sonntag, 12. Oktober 2014

Heute wandern wir mit unserem Gepäck von Kammerforst nach Craula, dort haben wir für die nächsten zwei Tage Quartier.

Über das Wetter reden wir nicht mehr. Regen ist kaum noch zu erwarten, obwohl der Himmel grau ist. Optimistisch deuten wir das Grau als Hochnebel.

Nicht aus dem Kopf geht uns der Waschbär. Wird er heute wieder die Straße belagern? Wir sehen ihn nicht. Am Waldrand orientieren wir uns an den Wegweisern und finden recht schnell den Weg nach Craula. Wir haben uns wieder für den Hainich-Radweg entschieden, um die morastigen, schmalen und durch den Regen aufgeweichten Wanderwege zu umgehen. Auch er führt mitten durch die wundervolle Natur des Hainichs.

Ein letzter Blick auf die Scheune, in der wir zwei Nächte gut untergebracht waren. Der allerletzte Blick gilt meinem Gepäck. Mein Rucksack, ist verglichen mit Gudis und Alistairs Gepäck, doch recht gewaltig. Er hat immerhin ein Gewicht von sieben Kilogramm, einschließlich Wasserkocher. In Gudis normalen Rucksack ist noch Platz. Alistair hat das perfekte Wanderbehältnis; eine Reisetasche mittlerer Größe; es ist ein Pilotenkoffer. Irgendwie zwingt sich mir der Vergleich mit den „Dienstagsfrauen" auf dem Jacobsweg auf. Wie werde ich mich heute Abend fühlen? Die schöne, fast unberührte Landschaft und angemessenen Pausen, wir genießen das und vergessen so die Last, die wir zu tragen haben.

Nach etwa einem Drittel der Wegstrecke vereinen sich der Radweg und der Rennstieg. Der Rennstieg, nicht zu verwechseln mit dem Rennsteig, ist ein über 500 Jahre alter Handelsweg, der von Mühlhausen über das Hochplateau des Hainich bis nach Behringen führt. Kurz bevor sich Radweg und Rennstieg wieder trennen, weichen wir kurz von unserem Weg ab, Grund ist ein Hinweis auf den „Hellmundstein". Nur 100 Meter abseits auf dem Wanderweg in Richtung Bischofroda steht ein Gedenkstein, etwa einen Meter hoch, mit der Inschrift „J. G. Hellmund". Wie wir später recherchiert haben, erinnert der Stein an den tödlichen Unfall des Wagners Johann Gottfried Hellmund aus Tüngeda, der 1798 beim Abladen von Holz von abrollenden Stämmen erschlagen wurde. Mal ein Denkmal für einen „kleinen Mann".

Nach einer kurzweiligen Wanderung, unterbrochen durch mehrere Stopps und kaum irgendwelche Ermüdungserscheinungen, erreichen wir das Craulaer Kreuz. Es ist eines der bekanntesten Sühnekreuze im Hainich. Das Wetter spätsommerlich, viel Sonnenschein und das Tagesziel ist fast erreicht, wir legen eine Rast ein. Kurz nach unserem Aufbruch nach der nächsten Wegbiegung die Baude am Craulaer Kreuz. Sie ist gut besucht. Und da das Wetter es gut mit uns meint, machen wir noch eine Pause. In Liegestühlen am Hang lassen wir uns Kaffee und Cappuccino schmecken. Ein leckerer Linsen- bzw. Bohneneintopf ist ein kräftigendes Mahl nach der Rucksackwanderung. Bis Craula sind es nun nur noch zwei Kilometer.

Als wir aufbrechen outen wir uns, dass wir in Craula Quartier haben. Große Herzlichkeit, der Wirt der Baude ist gleichzeitig der Vermieter der Herberge in Craula, in der wir übernachten. Wir bekommen den Zimmerschlüssel ausgehändigt. Dann nehmen wir die letzten zwei Kilometer unter die Sohlen.

Die Pension mit dem Namen „Talstation" überrascht uns. Alles vom Feinsten; die Ferienwohnung ist sehr geräumig, im Obstgarten Äpfel zum Verzehr, ein Swimmingpool – leider das Wetter zu kühl –, Getränke aller Art zur Selbstbedienung und Aussicht auf ein üppiges Frühstück. Nun steht der Rucksack neben mir und ich muss ihn heute nicht mehr tragen. Ich fühle mich noch recht fit. Das richtige Equipment ist eben doch wichtig.

Nachdem alle Sachen verstaut sind und wir alles begutachtet haben, besichtigen wir den Ort. Am Ortsrand eine Vielzahl neuer prächtiger Häuser, ein Hotelrestaurant, das geschlossen hat und eine Kirche, ein Anger mit einem alten Mühlstein und ein kleiner Teich mit einem Entenpaar. Die Kirche bereitet sich auf das Erntedankfest vor und lädt zum Gottesdienst ein. Das alles ist Craula mit seinen rund 350

Einwohnern; auch eine Nationalparkgemeinde, heute eingemeindet in Behringen. Der Ort eingebettet in eine wunderschöne Landschaft; umgeben von den Bergen und Tälern des Hainichs.

Es ist Zeit für das Abendbrot. Unsere „Rucksackverpflegung" bietet uns immer noch ein rustikales Abendessen; heute zwingend notwendig, da keine Gaststätte im Ort offen ist. Am Abend sehen wir ein wenig fern, dabei ausruhen und die letzten Mücken des Sommers erlegen. Dann ist Bettruhe.

13. Oktober 2014

Das Frühstück ist bestens. Es fehlt an nichts und reichlich ist es auch. Heute wandern wir in Richtung Thiemsburg. Die Kilometer sind überschaubar und keine große Herausforderung. Wir wählen den „Via Porta-ökomenischen Pilgerweg". Schon nach einer Stunde haben wir Thiemsburg erreicht. Verabredet sind wir mit unserem „persönlichen Fahrdienst" von Erfurt. Er hat sich bereit erklärt, uns die Sehenswürdigkeiten im Süd-Hainich zu zeigen.

Erste Sehenswürdigkeit ist der Baumkronenpfad. Wir starten unseren Spaziergang auf dem 500 Meter langen Pfad durch die Kronen der Bäume. Viele Informationen weisen auf die Artenvielfalt in Flora und Fauna in diesem Gebiet hin. Selbst die sehr scheuen und bedrohten Wildkatzen haben hier ideale Lebensbedingungen gefunden. Im Mittelpunkt dieses ungewöhnlichen Spazierganges steht der 44 Meter hohe Aussichtsturm. Mit ein wenig Anstrengung haben wir die Stufen zur obersten Plattform geschafft. Verschnaufen? Nein, es bietet sich uns ein fantastischer Ausblick über den Hainich. Am Horizont zeichnen sich im Süden die Berge des Thüringer Waldes und im Norden das Eichsfeld ab. Die beginnende Laubfärbung macht diesen Ausblick zu einem atemberaubenden Naturerlebnis.

Nach einer Stärkung im „Forsthaus" geht es weiter, diesmal nicht per pedes, sondern mit dem Auto. Unsere nächste Station ist Hütscheroda, das Zentrum der Wildkatzen. In einem Schaugehege kann man den Tieren bei ihrer Fütterung zusehen. Wir wandern auf dem Wildkatzenpfad. Er ist etwa sieben Kilometer lang und über den Skulpturenpfad zu erreichen. Bald befinden wir uns in einem geschlossenen Waldgebiet. Auch hier vorherrschend die Rotbuche. Nach etwa der Hälfte des Weges verlassen wir den Wald und wandern über die offenen und wiederbewaldeten Flächen. Auf einem Hügel steht eine Aussichtsplattform. Von hier aus hat man einen beeindruckenden Blick auf eine sich stetig verändernde Natur. Der Blick auf den Inselsberg oder die Wartburg bleibt uns durch das diesige Wetter versagt. Nach fast drei Stunden haben wir unseren Ausgangspunkt für die Wanderung wieder erreicht. Zum Abendbrot, das gleichzeitig unser „Abschiedsessen" ist, haben wir unseren „persönlichen Fahrdienst" eingeladen. In der Baude Craulaer Kreuz feiern wir Abschied von den Tagen im Hainich. Thema unserer Unterhaltung sind die vielen Erlebnisse der letzten Tage. Dann heißt es Abschied nehmen. In der Ferienwohnung in der „Talstation" herrscht Aufbuchstimmung. Rucksack packen, denn morgen früh geht es in Richtung Eisenach.

14. Oktober 2014

Wir sind schon vor der verabredeten Zeit wach. Aufbruch bedeutet auch immer Aufregung, Anspannung. Nach dem leckeren Frühstück fahren wir mit dem Linienbus von Craula nach Eisenach. In Eisenach haben wir drei Stunden Zeit, bis wir mit „MeinFernBus" die Heimreise antreten.

Was tut man in drei Stunden in einer Stadt mit viel Geschichte? Das Gepäck können wir bei meinen Verwandten abstellen. Ich nutze die Gelegenheit für einen kurzen Besuch. Gudi und Alistair begleite ich noch bis zum Wartburgblick. Für einen Burgbesuch reicht die Zeit nicht aus. Im Bachhaus wartet auf die beiden neben der Besichtigung der Ausstellung ein kleines Konzert. Für den weitgereisten Alistair noch ein kultureller Leckerbissen. Eine halbe Stunde vor Abfahrt des Busses treffen wir uns und pünktlich 12:30 Uhr fahren wir in Richtung Berlin, wo uns nach einem kurzen Stopp in Leipzig gegen 17:30 Uhr wieder die Hektik der Großstadt empfängt.

Bad Langensalza/
Geburtshaus von
Ch. W. Hufeland

IOHANN GOTTFRIED LEISCHING BAUETE DURCH GOTTES SEEGEN
DIESES HAUS ANN 1689 DEN 16 APRIL

Baumkronenpfad bei Thiemsburg

Hütschenrode

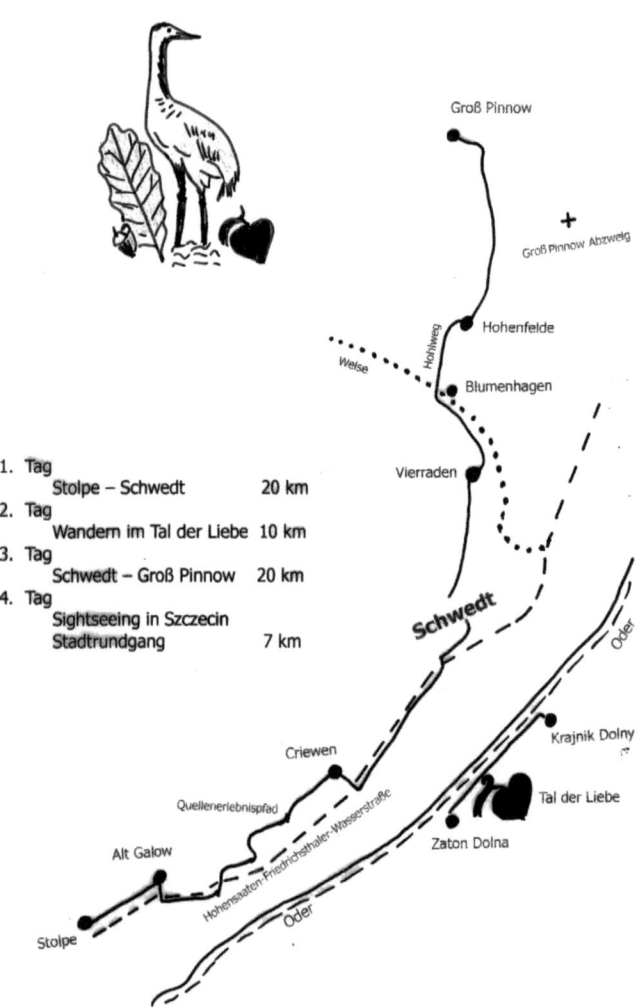

1. Tag
   Stolpe – Schwedt   20 km
2. Tag
   Wandern im Tal der Liebe 10 km
3. Tag
   Schwedt – Groß Pinnow 20 km
4. Tag
   Sightseeing in Szczecin
   Stadtrundgang   7 km

Wandern auf dem Märkischen Landweg und im Nationalpark Unteres Odertal

Auch in diesem Jahr sollte es neben den monatlichen Tageswanderungen und -radtouren wieder eine mehrtägige Wanderung sein. Entschieden hatten wir uns für einen Teil des Märkischen Landweges und den Nationalpark Unteres Odertal. So sah unser Wanderplan aus:

1. Tag: Anreise mit der DB von Berlin nach Angermünde; von dort aus mit dem Rufbus bis Stolpe – Wanderung von Stolpe nach Schwedt

2. Tag: Wanderung von Schwedt/Grenze nach Polen zum Tal der Liebe

3. Tag: Wanderung von Schwedt nach Groß Pinnow; zurück mit dem Bus nach Schwedt

4. Tag: Sightseeing in Szczecin – Fahrt mit der DB von Schwedt nach Szczecin, Stadtrundgang, mit der DB zurück nach Berlin

Mit dabei am ersten Tag sind Susanne und Britta, die andere Hälfte unseres Waldtreterquartetts, sowie Alistair und Ecki aus Gudis Bekanntenkreis.

Samstag, 17. September 2016

Gegen 8:30 Uhr sind wir vollzählig auf dem Bahnsteig in Berlin Gesundbrunnen versammelt. Bis auf Ecki kennen wir uns alle. Ihn kennenzulernen haben wir kein Problem. Er ist auf den ersten Blick ein netter Kumpel und das sollte sich auch in den nächsten Tagen nicht ändern.

Pünktlich 8:38 Uhr fährt der Zug in Richtung Stralsund ab. Er ist gut besetzt, an zusammenhängende Plätze für uns ist nicht zu denken. Also sucht sich jeder irgendwo einen Sitzplatz. Nach knapp einer Stunde haben wir Angermünde erreicht. Der Rufbus wartet schon und bringt uns zum „Stolper Turm", Ausgangspunkt unserer Tour. Die Fahrerin des Busses erzählt uns einiges über die Gegend. Sicher angeregt von Gudis und Eckis Gesprächsinteresse, die beide einige Jahre ihres Lebens in der Uckermark verbracht haben.

Unterhalb des Turmes endet die Fahrt. Jetzt geht es zu Fuß weiter. Eine erste Herausforderung an diesem Morgen, denn es geht steil bergauf und wir tragen unser Gepäck auf dem Rücken. Der Stolper Turm wurde Ende des 12. Jahrhundert auf den Überresten zweier Wehranlagen errichtet und ist das älteste Ziegelstein-Bauwerk der Region. Im Volksmund nennt man ihn „Grützpott".

Etwas außer Atem stehen wir vor dem Bauwerk. Eine Besichtigung muss ausfallen, wir sind zu früh. Dafür ist der Ausblick auf die Oderniederung an diesem Morgen unbeschreiblich schön. Vor uns die Hohensaaten-Friedrichsthaler

Wasserstraße, die Polder und am Horizont vor den Hügeln, die bereits zu Polen gehören, ahnt man die Oder. Ecki hat einen „Naturblick". Er sieht Dinge, die wir nur ahnen oder gar nicht sehen. Schnell wird uns klar, dass wir ein wichtiges Utensil für diese Wanderung vergessen haben, das Fernglas.

So toll die Landschaft ist, wir müssen los, denn unsere heutige Etappe ist ca. 20 Kilometer lang. Der Wanderweg in Richtung Alt Galow ist leicht zu finden und landschaftlich einzigartig. Auf der einen Seite begleitet uns die Hohensaaten-Friedrichsthaler Wasserstraße, auf der anderen begrenzt eine steile Böschung den Weg. Nach Alt Galow kreuzen wir den Wasserlauf und weiter geht es auf dem Oder-Neiße-Radweg. In Stützkow kehren wir auf den Wanderweg zurück. An einem der letzten Häuser des Ortes bietet ein Apfelbaum seine Früchte an. Sie schmecken lecker.

Der Wanderweg führt uns auf einem Holzbohlenpfad durch ein einzigartiges Feuchtgebiet. Den Hinweis auf den Quellenerlebnispfad ignorieren wir leider. Ecki lässt sich dieses Erlebnis nicht entgehen. Nach seinen Schilderungen haben wir wirklich etwas verpasst. Kurz vor Criewen verlassen wir den Wald. Die Landschaft ist offener und bietet einen tollen Blick in die Oderniederung. Auf den Poldern grasen gemächlich Schafe. In der Luft entdecken wir einen Adler, der Ausschau auf sein Frühstück hält. Das Fernglas fehlt!

Über den Landschaftspark Criewen, ein großzügig von Lenné angelegter Schlosspark, erreichen wir das Nationalparkcenter. Es ist Zeit für einen längeren Aufenthalt. Im Nationalparkcenter kann man sich umfassend über die

Oderlandschaft informieren. Einheimische Fische werden in großen Aquarien gezeigt, man kann sich über den Zug der Kraniche sachkundig machen und vieles mehr.

Da Susanne und Britta hier ihre Wanderung beenden werden, ist eine gemeinsame Einkehr geplant. Sie fahren von hier aus nach Berlin zurück. Die Gaststätte ist für uns tabu – Geschlossene Gesellschaft –, aber im Eiscafé gegenüber der Bushaltestelle ist Platz für uns. Nachdem wir Susanne und Britta am Bus verabschiedet haben, machen auch wir verbliebenen Vier uns auf den Weg. Noch etwa acht Kilometer sind es bis Schwedt. Ab Criewen wandern wir auf dem Oder-Neiße-Radweg. Es ist eine offene Landschaft mit vereinzelten Baumgruppen. Wir sind fasziniert vom Einklang von Flora und Fauna.

Kurz vor Schwedt überqueren wir eine Holzbrücke und erreichen die Berliner Straße. Nun müssen wir nur noch unser Hotel finden. Auf Grund einer Fehlinformation suchen wir im Zentrum der Stadt. Aber in Schwedt heißt Mitte am Stadtrand.

Wir sind müde und irgendwie möchten wir die heutige Etappe zu Ende bringen. Aber es dauert noch ein wenig. Einig sind wir uns, dass wir nicht mehr den Weg nach dem Hotel suchen, sondern uns mit einem Taxi hinbringen lassen. Es ist Zeit zu Abend zu essen. Unweit von uns das Restaurant „Jägerhof" – das klingt gut. Ecki begutachtet die Gaststätte. Er ist vom Ambiente beeindruckt. Und so genießen wir jeder nach seinem Geschmack ein köstliches Abendessen. Dann kommt das Taxi und bringt uns zu unserem Hotel.

Obwohl Samstags die Rezeption nicht besetzt ist, sind wir in kürzester Zeit im Besitz der Zimmerschlüssel. Die Zimmer sind angenehm geräumig, eigentlich sind es kleine Appartements. Nach einem langen Tag haben wir nur noch einen Wunsch: duschen und dann ins Bett.

Sonntag, 18. September 2016

Heute weichen wir vom Märkischen Landweg ab. Wir wandern im Tal der Liebe. Dieses Kleinod liegt auf der östlichen Seite der Oder in Polen.

Nach einem ausgiebigen Frühstück fahren wir mit dem Bus bis zur Grenze und überqueren die Oder über die Brücke zu Fuß. Im kleinen Grenzdorf Krajnik Dolny beginnt unsere Wanderung. Entlang der Oder, bei sonnigem Wetter und spürbarem Wind, machen wir uns auf den Weg; auf der rechten Seite die Oder, die bei dem Wind schon beachtliche Wellen mit Schaumkrönchen hat, auf der linken Seite bewaldete Berge. Es dauert nicht lange und wir entdecken die ersten Hinweisschilder zum Tal der Liebe.

Das Tal der Liebe erstreckt sich zwischen Krajnik Dolny und Zaton Dolna und ist ein um 1850 angelegter Landschaftspark mit Schweizerhaus, Bastei, Fasanerie und Goldfischteichen. Anna von Humbert hat ihn für ihren Mann angelegt.

Heute hat sich der Park in einen nahezu natürlichen Wald verwandelt. Viele der Bauwerke existieren nicht mehr. Aber auf den Wegen wird man immer wieder mit der Historie konfrontiert. Seit 1992 steht das Gebiet unter Denkmalschutz.

Wir wählen unseren eigenen Weg. Hinter dem Vorwerk Niederhof am Schweizerhaus beginnen wir unseren Rundgang. Es geht ganz schön bergan. Am Gedenkstein haben wir einen der höchsten Punkte erreicht. Etwas außer Atem legen wir eine kleine Pause ein. Bergab an der Rodelbahn liegen im Tal zwei Teiche und in unmittelbarer Nähe die Clotildenquelle. In jedem Teich steht eine Statue: Adam und Eva. Vorbei am Trockenrasen und der Försterei (von der nur der Hinweis auf den ehemaligen Standort existiert), gelangen wir schließlich zur Bastei. Über 80 Stufen müssen wir steigen, um diesen wunderbaren Ausblick auf die Oder und die Polder genießen zu können. Unmittelbar bei der Bastei ist der offizielle Eingang zum Tal der Liebe. Für uns ist es das Ende unserer Wanderung. Für den Rückweg nach Krajnik Dolny gibt es keine Alternative zum Weg entlang der Oder.

Nach der anspruchsvollen Wanderung durch dieses romantische Waldgebiet haben wir uns eine Pause verdient. Einkehr bei Beata, mit einem einzigartigen Blick auf die Oder. Wir sind die einzigen Gäste und so hat Beata genügend Zeit, sich mit uns zu unterhalten. Wir erfahren Wissenswertes über das Leben in unmittelbarer Nähe des Flusses und auch sonst einiges über Land und Leute. Nicht vergessen werden wir den Kuchen und die Bratklöße. Alles hausgemacht aus eigenen Erzeugnissen. Wenn wir den letzten Bus an der Grenze nach Schwedt nicht verpassen wollen, müssen wir los. Doch vorher wollen wir dem kleinen Ort Zaton Dolna einen Besuch abstatten. Die Kirche hatte schon gestern immer wieder unsere Blicke auf sich gezogen, denn seit Stützkow hatte sie mit ihrem roten Ziegeldach auf sich aufmerksam gemacht. Leider ist sie nicht offen. Dafür entschädigt uns die Fauna: Am Wegrand sonnt sich eine Blindschleiche, Schmetterlinge verschönern die Blätter der Ranken an den Hauswänden, überall Vogelgezwitscher und über dem Wasser der Oder kreischen Möwen und jagen sich gegenseitig ihre Beute ab.

Nach ca. zehn Kilometern Wanderung haben wir die Bushaltestelle erreicht. Bis zur Abfahrt ist noch etwas Zeit. Wir nutzen sie und schauen der Oder in ihrem stetigen Fluss zu. Am späten Nachmittag sind wir wieder in Schwedt zurück. Alistair und Ecki entschließen sich zu einem Stadtrundgang. Gudi und ich fahren erst einmal ins Hotel. Nachdem wir uns etwas frisch gemacht haben, beginnt unser Stadtrundgang.

Durch die Altstadt sind wir gestern gekommen. Die erhaltenen Gebäude sind restauriert und vermitteln ein Bild des alten Schwedt. Heute gehen wir durch das neue Schwedt. Wir sind beeindruckt von den vielen Kunstwerken, die die Straßen und Plätze der Stadt schmücken. In der Lindenallee werden wir mit Altem und Neuem konfrontiert. Auf der einen Seite der Ermelerspeicher, ein riesiger Tabakspeicher, der in der ersten Hälfte des 19. Jahrhunderts erbaut wurde und dem Berliner Tabakhändler Ermeler gehörte. In unmittelbarer Nähe steht der Berlischky-Pavillon. Er hat einen ovalen Grundriss und wurde nach seinem Erbauer benannt. Ursprünglich diente er der französisch-reformierten Kirche als Gotteshaus. Später war er Grabstätte der Schwedter Markgrafen, bis diese in den 1990er Jahren in den Berliner Dom umgebettet wurden. Heute wird das Gebäude als Konzerthalle genutzt. Auf der anderen Straßenseite steht eine Plastik „Liebespaar", nur wenige Schritte weiter das Kunstobjekt „Erdkugel" von Axel und Cornelia Schulz. Die beiden haben eine Welt zum Anfassen geschaffen. Alles was den Künstlern wichtig war, was sie mit den einzelnen Erdteilen und Ländern assoziierten, kann man fühlen und sehen. Aber auch andere Plastiken, wie zum Beispiel die sechs Plastiken „Studie einer Mongoleireise" oder den „Fries der Mütter" kann man im öffentlichen Straßenland bewundern. Am Ende der Lindenallee steht an der Stelle des ehemaligen Markgrafenschlosses das Kulturhaus mit dem Theater „Uckermärkische Bühnen" Schwedt.

Es wird dunkel und wir kehren um. Die Wanderung im hügeligen Tal der Liebe und der warme Spätsommertag – wir sind geschafft.

Montag, 19. September 2016

Heute kehren wir zum Märkischen Landweg zurück. Nach dem Frühstück wandern wir los. Bald haben wir Schwedt hinter uns gelassen. In der Ferne ist schon die Kirche von Vierraden zu sehen.

Vierraden ist eine kleine Stadt, bekannt durch den Anbau von Tabak. Die Hugenotten haben den Tabak einst ins Land gebracht. Auffällig großen Scheunen ähnelnde Gebäude prägen das Ortsbild – es sind Tabaktrockengebäude. Gleich am Ortseingang, von Schwedt kommend, befindet sich das Tabakmuseum. Es ist Montag und leider ist es geschlossen. Die Breite Straße mit den Ackerbürgerhäusern und ihren gründerzeitlichen Fassaden geleitet uns durch den Ort, vorbei am Rathaus und der Kreuzkirche.

Nachdem wir Vierraden verlassen haben, wandern wir durch abgeerntete Felder. Das Trompeten der Kraniche, die auf Nahrungssuche sind und sich auf Schlaf- und Sammelplätzen für ihren Zug in Richtung Süden einfinden, ist nicht zu überhören. Immer wieder schwingen sie sich in die Luft und kreisen in ihren keilförmigen Formationen über der offenen Landschaft. Eigentlich möchte man gar nicht weiter gehen und dem Treiben der Tiere zusehen.

Die Welse, die in der Schorfheide entspringt und bei Schwedt in die Hohensaaten-Friedrichsthaler Wasserstraße mündet, begleitet uns auf dem Sandweg nach Blumenhagen. Kurz vor Blumenhagen sind Mitarbeiter vom Umweltschutz

Brandenburg dabei, die Fließgeschwindigkeit des Flusses zu prüfen. Auf dem Weg nach Hohenfelde verändert sich die Landschaft drastisch. Der Ort liegt auf einer Hochebene, zu dem ein tiefer Hohlweg, immer bergauf, führt. Vorbei an gepflegten neuen Häusern und der Kirche erreichen wir den Nationalpark. Umfangreiche Baumaßnahmen am Wegenetz, die mächtig Staub aufwirbeln, lassen uns kurzfristig zweifeln, ob wir den richtigen Weg gewählt haben. Nachdem wir die Sandhaufen überwunden haben, geht es auf dem Wanderweg weiter.

Es ist Zeit für eine Rast. Wir haben ein Picknick vorbereitet. Die frische Luft, die Ruhe im Wald, wir lassen es uns schmecken. Noch ein wenig ausruhen und dann geht es weiter. Bis kurz vor Groß Pinnow führt der Weg am Waldrand entlang. Mal wandern wir durch einen Kiefern- und Lärchenwald, mal ist es ein Laubwald mit alten knorrigen Eichen. Wir sind beeindruckt von den alten Bäumen, deren Umfang Gudi, Alistair und Ecki nicht umfassen können. Die rund fünf Kilometer durch den Wald sind abwechslungsreich. An der Weggabelung verlassen wir den Wanderweg.

Wir haben Groß Pinnow, das Ende unserer heutigen Etappe, erreicht. Noch etwa 500 Meter und wir sind im Ort. Nun müssen wir nur noch die Bushaltestelle finden, von wo aus wir die Rückfahrt nach Schwedt antreten können. Während wir noch das „Wie weiter" überlegen, fragt Ecki eine Frau, die hinter einer dichten Hecke in ihrem Garten arbeitet, nach der Bushaltestelle. Sekunden später steht die Frau in der Toreinfahrt, etwas irritiert über die Frage. Nach längerem

Überlegen fällt ihr ein, dass ihr Sohn immer erst gegen fünf mit dem Bus nach Hause kommt. Es ist 15:00 Uhr und der Bus, mit dem wir nach Schwedt zurück wollen, fährt 15:31 Uhr. Als Gudi dann einwirft, dass auf unserem Fahrplan „Haltestelle Groß Pinnow Abzweig" steht, spielt die Haltestelle im Ort keine Rolle mehr. Wir müssen den Weg zurück, den Wald queren und weiter in Richtung Bundesstraße 2 laufen. Dort ist die Haltestelle Groß Pinnow Abzweig! Während sie uns den Weg erklärt, macht sich in unseren Gesichtern Ratlosigkeit breit. Ca. drei Kilometer sind es, tröstet uns die nette Frau. Es gibt keine Alternative, also laufen wir los. Wir haben noch nicht den Waldrand erreicht, als ein Auto hinter uns anhält. Die auskunftsbereite Frau steigt aus dem Auto und bietet uns die Fahrt mit ihrem PKW zur Haltestelle an. Wir nehmen dankend an. Wir schaffen den Bus, können sogar noch ein paar Minuten an der Haltestelle verschnaufen und stellen einstimmig fest, es waren mindestens fünf Kilometer.

Als wir im Bus sitzen, sind alle Anstrengungen und „Überraschungen" vergessen und wir schmieden Pläne für den Abend. Ecki und Alistair steigen schon in der Nähe der Uckermärkischen Bühnen aus. Sie wollen sich noch ein wenig die Stadt ansehen. Gudi und ich fahren bis zum Busbahnhof ganz in der Nähe unseres Hotels.

Nach einer kleinen Erfrischung gehen wir ins nahegelegene Einkaufscenter. Ein verspäteter Nachmittagskaffee weckt alle Lebensgeister wieder. Heute ist unser letzter Abend. Wir resümieren bei einem Glas Wein/Bier über die letzten

Tage, die unvergesslichen Naturerlebnisse und die netten Menschen, denen wir auf unserer Wanderung begegnet sind. Morgen früh fahren wir nach Szczecin.

Dienstag, 20. September 2016

Wir erscheinen alle ziemlich entspannt am Frühstückstisch, die Aufregung von gestern ist nur noch Erinnerung. Nachdem die Rucksäcke gepackt sind, heute müssen wir sie wieder tragen, geht es mit dem Zug nach Angermünde und von da aus nach Szczecin. Der Weg vom Hotel zum Bahnhof ist nicht weit.

Der Zug ist voll besetzt. Gudi und Alistair haben noch Plätze gefunden. Ecki und ich stehen. Ab Angermünde sitzen wir zusammen. Viel geredet wird nicht. Jeder möchte ein wenig relaxen. Immerhin sind wir in den letzten drei Tagen rund 50 Kilometer gewandert.

Kurz vor Szczecin werden wir gesprächiger. Wir waren alle drei schon einmal in dieser polnischen Hafenstadt, aber das ist lange her. Geplant hatten wir den Ausflug für unseren englischen Freund. Aber auch wir sind neugierig, wie sich die Stadt verändert hat. Einig sind wir uns, die Stadt zu Fuß zu erkunden. Gudi hat alles gut vorbereitet. Sie hat einen Stadtplan, auf dem eine Wanderroute zu den interessantesten Ecken mit dazugehörigen Erläuterungen in deutscher

Sprache eingezeichnet ist. Endlich fährt der Zug ein. Wir sind in Szczecin angekommen. In dem Stadtplan haben wir gelesen, dass die Stadt im niederen Verlauf der Oder liegt, noch etwa 65 Kilometer von der Ostsee entfernt. Der Bahnhof ist großzügig angelegt. Ehe wir mit unserem Rundgang beginnen, informieren wir uns noch über die Abfahrtszeiten und den Bahnsteig für unsere Rückreise.

Dann beginnt das Abenteuer Stadtbesichtigung ohne Stadtführer, nur mit einem Stadtplan in der Hand. Wenn man den Bahnhof verlässt, spürt man sofort, dass Szczecin eine Hafen- und Industriestadt ist. Direkt am Bahnhof beginnt die Wanderroute, ein roter Strich oder besser Faden. Es kann losgehen. Wir kommen vorbei am Postgebäude, einem Fragment der mittelalterlichen Stadtbefestigung, dem Alten Rathaus, den Siebenmantelturm, bis wir eine Schnellstraße unterqueren und an den alten historischen Gebäuden Marineakademie, Nationalmuseum und Wojewodschaftsamt landen. Es ist Mittagszeit und wir kehren ein. Die Gaststätte „Christopher Columbus" macht uns neugierig. Ein sehr gepflegtes Restaurant im maritimen Stil eingerichtet, mit Blick auf die berühmten Hakenterrassen und den Hafen. Wir entscheiden uns nur für einen kleinen Imbiss. Das Essen schmeckt gut. Noch ein Kaffee zur Aufmunterung und dann geht es weiter. Auf der gegenüberliegenden Straßenseite weitere historische Gebäude. Eine Besichtigung des Schlosses ist nicht möglich. Da werden zur Zeit Restaurierungsarbeiten durchgeführt. Wir kommen an der Jakobkirche vorbei. Ecki schlägt vor, im Ratskeller des Alten Rathauses unser

Abschiedsessen einzunehmen. Eigene Brauerei und eine Speisekarte mit leckeren Gerichten, das ist genau das Richtige dafür.

Dann wird es Zeit, zum Bahnhof zurückzukehren. Wir weichen etwas von der Route ab, finden den rotem Strich bald wieder und damit auch den Weg zum Bahnhof.

Die Wanderung durch die Stadt hat uns Spaß gemacht. Die Markierungen auf den Gehwegen sind eindeutig und jedes wichtige Gebäude ist mit einem Kreis und der entsprechenden Zahl aus dem Stadtplan gekennzeichnet. Außerdem befinden sich an den Gebäuden Tafeln mit entsprechenden Informationen.

Als wir am Bahnhof ankommen, haben wir eine Stadtwanderung von ca. sieben Kilometern in den Beinen.

Auf der Rückfahrt sind wir sehr wortkarg. Aber das ist meist so, wenn eine Tour zu Ende geht. Die Eindrücke müssen verarbeitet werden und das macht jeder auf seine Art.

In Berlin gibt es keinen großen Abschied. Die S-Bahn ist voll, obwohl die „rush hour" schon vorbei ist.

Alistair fliegt morgen wieder zurück nach London. Mit Ecki werden wir uns bestimmt noch einmal treffen. Gudi und ich, wir planen die nächste Radtour noch in diesem Herbst.

Von Alistair gibt es folgende Reaktion zu unserer Tour:

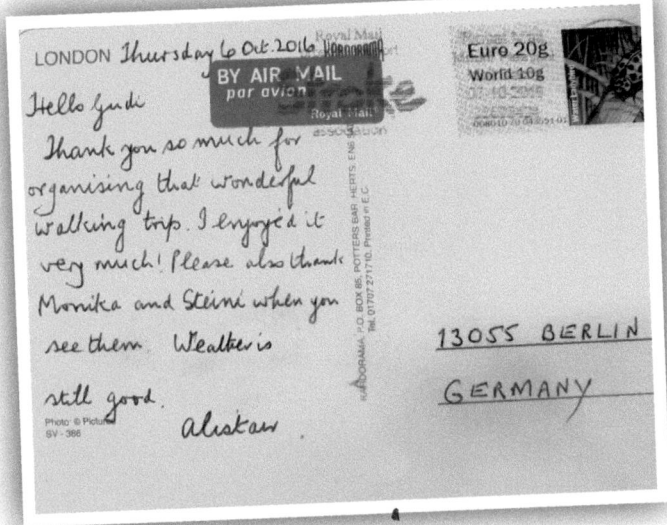

LONDON Thursday 6 Oct. 2016

Hello Judi

Thank you so much for organising that wonderful walking trip. I enjoyed it very much! Please also thank Monika and Steini when you see them. Weather is still good.

Alistair

13055 BERLIN
GERMANY

„Der Grützpott" (Stolper Turm)

Kranichflug bei Vierraden

Brücke über die Welse bei Blumenhagen

Hohlweg nach Hohenfelde

alte Eiche im Wald bei Groß Pinnow

„Tal der Liebe" (Dolina Miłosci) –
an den Adam-und Eva-Teichen

Blick von Zaton Dolna auf die Oder

Kirche von Zaton Dolna

„Liebespaar"
im Hintergrund
der Berlischky
Pavillon in Schwedt

„Erdkugel" von Axel und Cornelia Schulz

An dieser Stelle ein Dankeschön an Gudi.
Sie hat alle Touren geplant; Anzahl
und Länge der Etappen festgelegt,
Unterkünfte gebucht und darauf
geachtet, dass das Sehenswerte auf den
Touren nicht zu kurz kommt.

MAU WINTER
DREI WINDBRIEFE AN P.

Lena, eine Frau über 60, blickt auf ihr Leben zurück. Ihre Ehe ist gescheitert. Ihre Gedanken kreisen immer wieder um ihre erste Liebe. Um ihre Gefühle zu ordnen, fährt sie auf die ihr wohl vertraute Insel Bornholm. Paul, ihre große Liebe, begleitet sie in ihren Tagträumen. Sie erlebt diese erste Liebe gedanklich noch einmal und schöpft daraus die Kraft ihr Leben neu zu ordnen.

ISBN 9783735758446

MAU WINTER
1/2 HUNDERT MOMENTE

50 feine Kurzgeschichten

Beobachtungen, Erlebnisse, Gefühle und Gedanken –
festgehalten in 50 feinen Kurzgeschichten.
Nachdenklich . besinnlich . komisch

ISBN 9783842376014

MAU WINTER
JEDER MOMENT HAT SEINE GESCHICHTE

50 neue Kurzgeschichten

Erinnerungen, Erlebnisse und Wünsche für einen
Moment festgehalten, dass sie uns nachdenklich stimmen,
neugierig machen und zum Schnunzeln bringen.

ISBN 9783732292172

Impressum

© by Mau Winter 2016
1. Auflage

Herstellung und Verlag:
BoD - Books on Demand, Norderstedt
Fotos: Gudrun Lüth
Design & Satz: www.corporate-new.de
Titelfoto: istockphoto.com/rotofrank

ISBN 9783743127821